LES PROFS AUSSI SONT HARCELÉS

www.editions-jclattes.fr

Isabelle Le Foll-Remoué

LES PROFS AUSSI SONT HARCELÉS

Trois ans de pression dans un lycée

JC Lattès

Couverture : Thierry Feuillet

ISBN : 978-2-7096-6768-5

Première édition septembre 2020.

À mon mari, qui a su me protéger par ses encouragements.
À mes enfants, qui ont souffert sans douter de leur mère.
À mes parents, pour qu'ils me pardonnent
de leur avoir tu ma souffrance.
À ceux qui m'ont soutenue.

À tous les collègues qui, dans un assourdissant silence, se sont donné la mort ou ont tenté de le faire[1] :

le 22 mai 2017, une professeure des écoles stagiaire de l'ESPE de Livry-Gargan ;

le 5 décembre 2017, un professeur de SVT du Collège La Boétie à Sarlat ;

le 8 février 2018, un professeur de Technologie du Collège Maupassant de Limoges ;

le 21 mars 2018, une professeure de Montdidier ;

1. Liste non exhaustive, et, sauf erreur, arbitrairement commencée à l'arrivée de Jean-Michel Blanquer à la tête du ministère de l'Éducation nationale. Source : « Action et Démocratie », mail envoyé à tous les enseignants le 29 novembre 2019.

fin août 2018, le responsable des agents du Lycée Jean-Moulin de Béziers, c'est le troisième (peut-être cinquième) suicide en huit ans ;

le 17 novembre 2018, une professeure de Lettres-Histoire-Géographie du Lycée professionnel de Toulon ;

le 22 janvier 2019, un professeur de l'école Mendès-France à Beuzeville ;

le 18 février 2019, un professeur du Collège Victor-Hugo de Sète ;

le 26 mars 2019, Jean Willot, professeur des écoles à Eaubonne, homme bon, professeur apprécié de tous, s'est donné la mort suite à des accusations infondées de la part d'une mère d'élève. L'Éducation nationale ne l'a pas soutenu. Le ministère de la Justice n'a ordonné aucune enquête sur ces diffamations ;

le 2 mai 2019, Jean-Pascal Vernet, un enseignant de Barrême, à la suite du signalement d'un parent d'élève et l'annonce maladroite de sa suspension « à titre conservatoire » par sa hiérarchie ;

le 12 septembre 2019, une professeure des écoles se suicide après avoir déposé une « alerte sociale pour exiger que l'administration ne laisse pas certaines pratiques managériales ou de pilotage se développer, et encore moins perdurer » ;

le 21 septembre 2019, Christine Renon, directrice d'école à Pantin, en laissant une lettre qui dit son épuisement ;

le 21 septembre 2019, Frédéric Boulé, professeur de SVT au Lycée international de Valbonne.

À d'autres professeurs, qui souffrent en silence des mêmes injustices.

PREMIÈRE ANNÉE

Je suis professeure de Philosophie au Lycée La Cantonnière, en province. J'ai vingt-cinq ans d'ancienneté dans l'Éducation nationale. J'ai toujours eu de bons rapports d'inspection. Des lycées sensibles aux lycées prestigieux, en passant par une demi-douzaine de lycées « ordinaires », j'ai appris à gérer tous les publics.

J'ai été victime de harcèlement moral dès le début de ce que nous appellerons la première année. À cette époque, je suis persuadée que c'est le résultat de la rencontre de plusieurs faisceaux d'acteurs : une fédération de parents d'élèves qui crée, voire alimente, la rumeur de mon incompétence, un proviseur qui les soutient, envoie des signaux négatifs et refuse de me protéger, une élève et son père, manipulateurs et pervers, et une classe peu agréable dont la méfiance est légitimée par les adultes.

À la rentrée de septembre de la première année scolaire, une classe de Terminale littéraire, la TL2, m'est confiée. Il y a deux TL au lycée, nous sommes trois enseignants en poste fixe, et cette année, c'est mon tour.

Dès le premier jour, Jeanne S., une élève brillante, se montre agressive. Elle me reproche par exemple d'oser dire que Voltaire est un écrivain et pas un grand philosophe. Je lui demande calmement pourquoi elle me parle sur ce ton, elle me répond sur le contenu de l'affirmation. Très rapidement, elle obtient du proviseur le droit de changer de classe. J'en suis stupéfaite.

Quelques jours plus tard, je croise Monsieur Serge C., le proviseur du lycée, dans le couloir de l'administration. Il m'interpelle comme s'il m'attendait, en riant et levant les bras avec… bonhomie. « Madame Le Foll, j'ai fait une erreur en changeant Jeanne S. de classe. Ça arrive à tout le monde, n'est-ce pas ? » La ficelle est grosse, mais j'ignore encore à quel point.

Selon lui, les parents de Jeanne S. ont appelé plusieurs fois, ils réclamaient ce changement avec véhémence. Venu sans rendez-vous, son père a exigé d'être reçu. Il se dit maître de conférences à l'université, il a décidé que sa fille irait au Lycée Louis-le-Grand en Classe préparatoire, à Paris.

Le proviseur m'explique qu'il n'aurait pas dû, mais qu'il a cédé ! Je réponds que c'est aussi un signe très négatif qu'il envoie aux parents des autres élèves, et aux élèves eux-mêmes : une élève brillante mérite en effet un autre professeur que moi…

J'apprends de sa bouche qu'une cabale s'est formée contre moi, que les coups de fil abondent, de parents d'élèves qui demandent le changement de classe de leur enfant, qui me disent incompétente. Je demande d'où viennent ces rumeurs. Il me répond qu'il l'ignore. À cette époque, j'ai une totale et très naïve confiance en lui et je ne mets pas en doute une seule seconde ce qu'il me dit. L'inquiétude s'installe et je commence à douter de la qualité de mes cours.

J'apprends aussi de Monsieur C. ce qui m'est reproché. On dit que je ne finis pas le programme, que je suis interdite de correction du bac, que l'année précédente je n'avais pas de TL parce que j'étais punie, que je fais des photocopies pendant les cours[1], que j'arrive en retard…

Je demande les noms des parents qui appellent. Le proviseur refuse de me les donner. Je m'étonne de ce manque de confiance, et j'obtiens la promesse qu'il me les donnera avant la rencontre parents-professeurs. Premier engagement non tenu : en riant, Monsieur C. me dira en décembre qu'il ne peut pas me les donner parce qu'il les a rangés, puis il dira qu'il les a perdus. C'est seulement en fin d'année scolaire qu'il reconnaîtra avoir « changé d'avis ».

C'est beaucoup plus tard que je me poserai la question de la véracité de ces affirmations.

1. J'ignore d'où vient ce reproche. Je me souviens de la réaction d'une collègue, à qui je décrivais cette accusation : « Mais qui ne le fait pas ? » Certains collègues préfèrent en effet photocopier le manuel plutôt que de laisser les élèves sans texte sous les yeux. Il se trouve que moi, je ne le fais pas ! Je me refuse à le faire, jugeant que cela autorise les élèves à oublier de nouveau leur livre. Quant aux photocopies que je distribue aux élèves, je suis plutôt une maniaque de l'organisation… Et s'il a pu m'arriver d'avoir égaré un paquet, déposé dans une des nombreuses autres salles où je fais cours, et que je doive refaire mes tirages pour ne pas déranger le collègue qui est dans la salle en question, cela reste tout à fait exceptionnel, c'est-à-dire unique dans l'année.

Dès septembre, un stage nous est proposé sur la consommation de produits stupéfiants chez les élèves. Bien qu'il m'intéresse, je me l'interdis. Je me dis que je ne vais pas commencer à m'absenter, avec tout ce qui m'est déjà reproché... Sans m'en rendre compte, je commence à me soumettre, à laisser la crainte m'interdire de faire ce que j'ai envie de faire. Par la suite, les collègues me disent que la formation était d'excellente tenue...

Le proviseur m'invite à démentir les rumeurs et à rassurer les élèves sur mes compétences. C'est ce que je fais. Je décide de crever l'abcès, et de faire une mise au point avec eux. Je leur explique que je ne peux pas leur dire clairement quel professeur a obtenu les meilleurs résultats au bac, mais j'invite leurs parents à poser la question au proviseur. Je leur explique qu'ils n'ont guère d'autre choix que de me faire confiance et de travailler avec moi, dans leur propre intérêt. Je déclare que même si je suis une mauvaise prof, ils ne peuvent pas le savoir, sauf à laisser des anciens élèves, qui auraient des comptes à régler, penser à leur place. Je leur dis des choses que je n'ai jamais dites en cours, comme ma sixième place nationale au concours du CAPES de Philosophie (le plus sélectif). Je précise que je n'avais pas de TL l'an passé parce que ce n'était pas mon tour, et que mon propre fils était en TL. L'« opération reconquête » fonctionne. « Un garçon a déclaré que vous aviez récupéré les trois quarts de la classe », me dit la proviseure-adjointe, Florence M. Je le prends comme un encouragement, mais je me méfie trop pour m'en satisfaire, et j'attends la suite.

Florence M. me dit affirmer clairement aux parents qui l'appellent que c'est moi qui ai eu les meilleurs résultats sur les deux années qui se sont écoulées. C'est la seule qui accepte de me donner le nom de celui qui l'a appelée : il s'agit d'un parent de Sophie F.

Sophie est une élève sérieuse, souriante, bavarde tant que je ne l'ai pas séparée de son amie, et qui fait partie de ceux qui boiront mes paroles toute l'année. J'apprendrai par Florence M. en juin de cette première année qu'elle a obtenu 18/20 en Philosophie au bac. Elle sera assez honnête pour venir à la fin de l'année dire au proviseur qu'elle s'est lourdement trompée sur mon compte. Jamais le proviseur ne me parlera de cette visite. Quand je l'évoquerai, en juin de l'année suivante (à l'occasion de pressions pour que je retire ma demande de Terminale littéraire), il me répondra qu'il n'en a pas souvenir.

Conseil de classe de décembre. Le regard haineux et le ton d'un parent délégué m'ont vite sortie de mes illusions.

Il y a deux parents au premier Conseil. L'un d'eux est Emmanuel A., c'est le père d'Angèle. Il commence à lister les choses qui ne vont pas « en philo ». Son ton est posé et très agressif, il me fait face de l'autre bout de la salle. Je souhaite répondre, mais Monsieur C., qui préside ledit Conseil en tant que proviseur, m'interrompt et rappelle que ce type de reproches n'a pas sa place en ce lieu.

Je suis en colère. Je me sens piégée de tous côtés. Par le père qui déverse toutes ses accusations. Par le proviseur qui m'empêche de répondre. C'est sans doute une stratégie managériale : laisser les attaques être menées jusqu'au bout, et empêcher la victime de se défendre. Je suis privée des droits les plus basiques. Ma parole est niée.

Je m'étonne tout de même, ainsi que la professeure de littérature, que les élèves aient déclaré que tout allait bien à la suite de l'heure de vie de classe. À la fin du Conseil, je me force à aller vers le père d'Angèle, qui semble attendre quelque chose. Mais il part quand il m'aperçoit. Le proviseur me dit : « Bon, ça s'est bien passé ! » Autant d'hypocrisie me plonge dans la crainte et l'incompréhension.

Quelques jours plus tard a lieu la réunion parents-professeurs. J'ai décidé d'essayer de convaincre les parents qu'ils peuvent me faire confiance. Je passe la soirée à me justifier, à tenter de leur prouver que je prépare bien leur enfant au baccalauréat. Non-stop, de 16 heures à 22 h 45, restant parfois plus d'une demi-heure avec des parents, là où seulement cinq minutes sont prévues.

Je reçois des parents respectueux de mon travail. Une maman me dit spontanément qu'il y aura toujours des mécontents et qu'il ne faut pas y prêter attention. Une autre me remercie. Certains exposent en toute confiance les difficultés « psychologiques » de leur enfant…

Mais d'autres me parlent avec une telle haine et un tel mépris que je dois déployer des trésors de patience. En vingt-cinq ans de carrière, c'est la première fois. Et je comprends de moins en moins cette hostilité.

Madame Marie-Chantal P., la mère de Solène[1], me répond sur un ton si glacial et pincé qu'il en est caricatural : « Madame, vous devez vous tromper », quand elle croit que j'énonce la moyenne de sa fille en philosophie, alors que j'évoque sa moyenne globale, comme je dois le faire d'abord, en tant que professeure principale. Elle me reproche aussi d'avoir notifié le retard de sa fille, un jour où elle était arrivée de la piscine quinze minutes après le début du cours…

Le père d'Angèle, Emmanuel A., est plus habile. Comme sa fille, du reste, qui jouit d'une aura certaine dans la classe. Intelligente, elle aime attirer mon attention sur elle. Je garde mes distances, par professionnalisme, et aussi parce qu'une collègue d'Espagnol, qui l'avait l'année précédente, m'a prévenue qu'il s'agit d'une grande manipulatrice, « capable de retourner

1. Solène est aussi une élève ambitieuse. C'est l'amie de Jeanne S., qui a réussi à changer de classe. Elle fait autre chose dans le fond de la salle, et me répond avec d'hypocrites yeux écarquillés quand je lui demande si elle est avec nous. Un jour, je décide de montrer que je ne suis pas dupe, et je la prie de ne pas laisser ses mains sous la table, puis de soulever son écharpe… Son téléphone finit par tomber par terre. Exclusion, rapport, aucun changement.

toute la classe contre toi sans que tu ne puisses rien faire ». J'aurais préféré ne pas la compter parmi mes élèves, mais au Lycée La Cantonnière, si les élèves peuvent choisir leur enseignant, l'inverse n'est pas vrai… Au début de l'année, elle participe. Puis elle fait régulièrement autre chose. Je l'exclus et rédige un rapport pour alerter ses parents. Mais rien ne change et, dans un tel contexte, je décide de ne pas m'en occuper.

Le soir de la réunion, Emmanuel A. joue le père humble et modeste qui vient se renseigner sur le travail de sa fille. Mais il ne peut pas s'empêcher de m'adresser des reproches mesquins : vous êtes en retard, me fait-il remarquer avec un sourire jouissif, et les gens parlent, en vous attendant… Je lui dis que si je n'étais pas une bonne professeure, le proviseur ne me confierait pas de Terminale littéraire. Il me regarde, à la fois déconcerté et haineux.

Les parents de Maëva H. se présentent. Monsieur H. me parle avec un sourire narquois, se rapprochant de mon visage en plissant les yeux pour m'expliquer qu'il est chef d'entreprise, et que c'est « plus difficile que de corriger 150 copies ». Je réponds qu'il a certainement raison, mais que je ne parle pas, moi, de ce que je ne connais pas ! Il me reproche aussi d'être en retard dans mes rendez-vous, ce qui ne l'empêche pas de rester plusieurs dizaines de minutes ce soir-là. Il sait déjà que je ne finirai pas le programme. Il me gratifie de jeux de mots douteux sur la marche, où il me laisse entendre qu'il excelle[1]. Madame n'ouvre la bouche que pour rire des blagues de son mari. Il est tellement arrogant que je finis par lui faire remarquer que cela va être difficile de mettre sa fille au travail après tout ce qu'elle aura entendu ce soir. (J'ignore encore ce qu'elle dira en fin d'année...)

Et comme preuve de tout ce qu'il avance, Monsieur H. me met littéralement sous le nez le compte-rendu écrit par les parents délégués au Conseil de classe. Il me dit : « J'entends ce que dit ma fille, j'entends ce que disent les parents, et j'entends ce qui est écrit. » Et je découvre que tous les parents de la classe ont reçu un compte-rendu où figure, sous le titre « Intervention des parents délégués », un tissu de mensonges, de sous-entendus travaillés contre moi et insultants, d'affirmations gratuites et diffamantes à mon encontre qui n'ont, qui plus est, absolument pas été exprimés lors du Conseil de classe.

---

1. Quelque chose comme : « Quand on fait bien son travail, on a une classe qui *marche* bien. »

Je décide d'aller quérir ledit compte-rendu auprès du proviseur, qui me dit l'avoir validé avant envoi, qu'« il n'y a rien », que je peux le réclamer auprès des secrétaires. Mais mon sang se glace encore quand j'en prends connaissance à tête reposée.

Outre une surdétermination du coefficient en philosophie, on peut y lire : « Demande à l'enseignant de donner des barèmes clairs[1] et des explications aux enfants lors des exposés ou en devoir afin qu'ils puissent retravailler les points qui n'ont pas été réussis. Certains élèves se sentent obligés de demander les cours à d'autres élèves dans l'établissement ou bien d'avoir recours à des cours particuliers[2]. » Je suis désignée par « elle », sans être nommée.

Plus tard, Monsieur C. me dira qu'il n'a pas validé cela – alors qu'il m'avait affirmé le

1. Je précise ici qu'il n'y en a pas au baccalauréat, et qu'on n'en utilise jamais en philosophie…

2. J'ai trouvé récemment un texte du *Bulletin officiel de l'Éducation nationale*, n° 19, 10 mai 2001, page 994, qui stipule que :

« Les propos qui sont contenus [dans les documents distribués par les associations de parents d'élèves] sont soumis au respect de l'ordre public et ne doivent ni présenter de caractère diffamant, injurieux ou outrageant, ni mettre en cause à titre personnel un membre de la communauté éducative, sous peine de la mise en œuvre de voies de droit, notamment pénales, à l'encontre de leurs auteurs. »

Mais au Lycée La Cantonnière, que risquent les parents injurieux ?

contraire. Je demande des précisions. Pas de réponse. Le proviseur a-t-il validé ce papier sans le lire, ou en toute connaissance de cause ? À cette époque, je me le demande sincèrement. Mais c'est clairement un mensonge de plus.

Un jour, j'évoque l'éventualité de porter plainte pour faux contre ce parent d'élève. J'ajoute que la peur changerait de camp. Réponse de Monsieur C. : « Je ne sais pas ce qui peut lui faire peur… »

Le 22 décembre de la première année, je rédige un rapport circonstancié sur ce qui est en train de se passer.

À la suite de cela, j'obtiens que les professeurs principaux reçoivent, pour information, les compte-rendus des Conseils de classe. Le proviseur prend cet engagement en présence d'une collègue syndicaliste, Maria V. Mais en réalité, cela ne se fera pas, ni au deuxième, ni au troisième trimestres, ni les années suivantes. Et rappelant cet engagement, je me suis entendu répondre : « Ce n'est pas parce que vous auriez souhaité que je m'y engage que je l'ai vraiment fait. »

On est en décembre, et je décide de prendre rendez-vous avec le docteur Vincent R., psychiatre.

Constatant ma détresse, des collègues m'incitent à demander que le compte-rendu du Conseil de classe du premier trimestre soit corrigé, pour qu'il ne contienne que ce qui a été dit effectivement, ce soir-là. Le proviseur se charge de demander cette réécriture. Je lui déclare solennellement dans mon courrier que je suis déstabilisée, et que j'ai besoin de son soutien et de sa protection. Mais il ne répond rien[1].

Mes collègues me promettent de contresigner ma demande. Mais celle-ci rédigée, je ne trouverai plus personne pour apposer sa signature. J'apprendrai plus tard que quelques-uns décident cependant d'aller informer l'administration que

---

1. Et pourtant, l'article 11 de la Loi n° 83-634 du 13 juillet 1983 portant droits et obligations des fonctionnaires, dite Loi Le Pors, modifié par la Loi n° 2016-483 du 20 avril 2016, article 20, indique clairement que :

« I. À raison de ses fonctions (...) le fonctionnaire (...) bénéficie (...) d'une protection organisée par la collectivité publique qui l'emploie à la date des faits en cause ou des faits ayant été imputés de façon diffamatoire. (...)

« IV. La collectivité publique est tenue de protéger le fonctionnaire contre les atteintes volontaires à l'intégrité de la personne, les violences, les agissements constitutifs de harcèlement, les menaces, les injures, les diffamations ou les outrages dont il pourrait être victime sans qu'une faute personnelle puisse lui être imputée. Elle est tenue de réparer, le cas échéant, le préjudice qui en est résulté. »

Ce dernier article est un peu moins précis dans la version du 17 mai 2011, article 71, Loi n° 2011-525, mais l'esprit est le même.

je ne vais pas bien. Mais j'ignore ce qui s'y est dit. Et je ne sais trop qu'en penser. Ce genre de démarche, certainement bienveillante, est toujours susceptible de se retourner contre la personne qu'elle est censée soutenir.

Une rencontre a lieu avec le père d'élève Emmanuel A., auteur du compte-rendu diffamant. Il déclare comprendre qu'il faut réécrire le compte-rendu du Conseil de classe, mais explique qu'il n'est pas assez adroit pour proposer une autre rédaction. Monsieur C. rédige une lettre aux parents, mais elle tend à plaindre le parent délégué qui n'aurait pas eu la possibilité de s'exprimer. Maria V. et moi-même décidons alors de proposer le même compte-rendu, allégé de ce qui n'a pas été dit. Emmanuel A. refuse cette version. Une date de rencontre est fixée, avec Monsieur C. dans son bureau de proviseur, les parents délégués d'élèves, et moi-même. Elle est décalée d'une semaine, car l'autre parent, Madame D., est souffrante. Elle sera absente lors du nouveau rendez-vous, et, en fait, elle ne viendra plus à aucun Conseil de classe.

Au début de cette rencontre, Emmanuel A. cherche à m'assurer de sa sympathie, rappelle que sa fille était déçue que mon projet d'enseignement de Droit et Grands Enjeux du Monde Contemporain n'aboutisse pas... Il ne semble pas très sûr de lui, mais le ton rassurant et le discours du proviseur ont vite fait de le mettre à l'aise. Le père m'explique que, dans mon propre intérêt, il vaut mieux ne pas envoyer de nouvelle version aux parents d'élèves ! Je le remercie de sa bienveillance, mais je pose que c'est à moi qu'il appartient d'en décider, et que, en l'espèce, j'ai décidé que cet envoi était impératif. Au bout d'une heure de tergiversations, il accepte de rédiger une autre version. Très habile, il préfère écrire dans la nouvelle version que le compte-rendu a été plus développé que son intervention, plutôt que de reconnaître qu'il a écrit des choses qui n'ont pas été dites. Ainsi, il ajoute au compte-rendu du Conseil de classe du deuxième trimestre, cette « Précision » : « À la demande du principal de l'établissement et du professeur principal de la classe, nous précisons que l'intervention des parents d'élèves, relatée dans le compte-rendu du Conseil de classe du 1er trimestre, a été plus développée qu'en séance et s'appuie de manière plus exhaustive sur les questionnaires retournés par les parents. »

Ma collègue syndicaliste et moi-même décidons de la refuser, et c'est finalement le proviseur qui se chargera – c'est du moins ce à quoi il s'engage – d'une courte lettre d'explication aux parents... après le Conseil de classe du deuxième trimestre, alors que j'aurais souhaité que cela se fasse rapidement ! Je ne sais absolument pas si cette note a bien été diffusée. Je n'en ai pas été destinataire, en tout cas.

En outre, je voudrais décrire l'attitude du proviseur lors de cette rencontre. Devant le parent délégué, il rappelle plusieurs fois que les mécontentements sont là, et que je dois les prendre en compte. Il cherche à expliquer mes difficultés par un manque de « charisme ».

Une attaque personnelle, qui lui permet de ramener tous ces problèmes aux prétendues lacunes de ma personnalité... Humilier et culpabiliser en même temps. De quel droit se permet-il de m'insulter, et devant un parent d'élève agressif, qui plus est ? Que dire ? Comment répondre ? Me taire. Et supporter que celui qui a le devoir de me défendre soit celui qui m'attaque publiquement.

Et quand, à la fin, je cite malgré tout un Conseiller principal d'éducation en charge des classes littéraires qui a été assez gentil pour me dire que des élèves de l'autre Terminale littéraire lui avaient confié qu'elles auraient dû demander à venir dans ma classe, le proviseur répond, devant Emmanuel A. : « Oui, eh bien, on vérifiera. »

Un peu plus tard, je reçois les parents de Charlotte D. C'est une bonne élève, qui a des ambitions et travaille sérieusement. Dans le courant du mois de décembre, son attitude en cours change radicalement : elle se met à bavarder, fait autre chose pendant le cours. Quand je la reprends, elle échange un regard complice avec… Angèle A., la fille de l'auteur du compte-rendu diffamant ! Je détaille cela dans un rapport d'exclusion de cours et ses parents me demandent un rendez-vous pour janvier.

Leur fille n'a pas souhaité être présente lors de l'entretien. Je décris son attitude en cours. À leurs échanges de regards désapprobateurs, je devine qu'elle a parfois le même comportement à la maison. Nous discutons longuement : de nouveau, j'explique comment je travaille, ce que j'attends des élèves, comment j'entends les préparer aux études supérieures… Le ton est serein, je crois pouvoir dire que j'ai réussi à gagner leur confiance.

J'en profite pour signaler que le compte-rendu du Conseil de classe, au bas duquel figure le nom de Madame D., deuxième parent délégué, est un faux. Elle le reconnaît volontiers et me dit n'avoir participé ni à la préparation du Conseil, ni à la rédaction du compte-rendu.

J'apprends de leur bouche qu'il y a de gros problèmes de discipline en cours d'allemand, où viennent des élèves d'une autre classe, qui perturbent le cours. Mais de toute l'année, cela sera à peine évoqué une fois en Conseil de classe. Certains problèmes sont plus graves que d'autres, sans doute. Et il semble plus intéressant d'agresser la professeure de philosophie que d'essayer d'améliorer les conditions de travail en allemand.

Le Conseil de classe du deuxième trimestre se déroule à peu près normalement. De nombreux professeurs sont présents (même ceux qui ont beaucoup de classes et peu d'heures en TL2), bien décidés à ne pas laisser dire n'importe quoi. Emmanuel A. est prudent, et regrette de ne pas pouvoir faire un rapport circonstancié sur les réponses des parents d'élèves à son questionnaire, car, dit-il, c'est l'autre parent déléguée qui a reçu les mails, et elle est absente. Il explique en fait, sans le dire, que les problèmes demeurent et regrette vivement de ne pouvoir en faire état.

Cette fois, les déléguées des élèves m'ont fait part de plusieurs reproches, à la fin de l'heure de vie de classe[1]. C'est une des rares fois (sauf à la fin de l'année) où je dois reconnaître avoir ressenti de la tension dans mes rapports avec la classe. Mais en réalité, c'est une seule déléguée, Lucile N., qui m'adresse une liste de reproches. Le ton arrogant et donneur de leçons, ainsi que le contenu de cette liste me conduisent à en souligner devant la classe le caractère mesquin. Ainsi, Lucile me reproche de m'être absentée pendant qu'ils étaient en devoir – pour faire des photocopies lors de la mobilisation du lycée contre l'arrivée d'une seizième Seconde. Je sais que cela ne se fait pas, mais il y avait urgence, et je savais qu'il n'y aurait pas de problème, que la classe resterait concentrée. Et effectivement, il n'y a pas eu de problème, la classe est restée concentrée. Mais Lucile dit avoir

1. Précision : comme il convient de laisser les élèves mener seuls leur heure de vie de classe pour préparer le Conseil, j'attends dans le couloir. Dès qu'ils me font signe, je rentre dans la classe. Plusieurs élèves dénoncent d'emblée un certain Florent T., qui est parti dès le début, bien que cela ne soit évidemment pas autorisé, quand j'étais aux toilettes. Le lendemain, je le convoque. Il ne souhaite pas s'appesantir, mais il m'explique qu'il refuse d'assister à ces « séances de lynchage de la prof ».

minuté ma sortie ! Elle me reproche également d'arriver en retard... le jeudi ! Et d'avoir passé trop de temps, lors d'une heure d'accompagnement personnalisé, à essayer de récupérer un élève en décrochage notoire (dont j'évoque le cas un peu plus loin). Je remarque malgré tout qu'il y a peu de critiques d'ordre pédagogique...

Pleine de ressentiment, Lucile ne travaille plus que l'Anglais. Elle se détourne quasi physiquement du cours, dos au mur, ou s'affale sur sa table jusqu'à ce que je la reprenne, ou travaille sous mes yeux un livre de philosophie. À l'occasion d'une insolence, je l'exclus. Mais cette fois-ci, le rapport envoyé aux parents permettra un réel changement d'attitude.

On me reproche aussi de vérifier que le travail donné est fait sans relever les copies. Je donne en effet des exercices à faire le lundi, je vérifie le jeudi, et les élèves doivent travailler le corrigé que je leur donne pour le lundi suivant, et ainsi de suite. Je note une lettre (TB, B, AB, R comme Rapide, O comme Oublié, ou ₣, comme Pas Fait...) sur mon carnet de bord, ainsi que sur leur feuille. Il m'est reproché de le faire rapidement, sans ramasser et corriger les (105) copies hebdomadaires, en plus des devoirs surveillés que je donne régulièrement, et en plus des exercices et travaux dirigés que nous faisons en cours, en Accompagnement personnalisé, et en groupe à effectif réduit. J'explique qu'ils doivent acquérir ainsi une méthode de travail autonome qui leur sera précieuse dans le supérieur, car c'est mon projet de les y préparer. Vu le fort taux de réussite au bac, là se situe la réelle difficulté de la classe Terminale. Mais de toute l'année, cela ne sera jamais accepté, et j'avoue que j'ai abandonné ces petits exercices d'entraînement au troisième trimestre. Dernière précision : il y a plusieurs années que j'ai mis en place cette pratique, je l'ai maintenue depuis. Les classes sérieuses apprécient. Jamais aucune ne s'en est plainte, sauf la TL2, cette année-là.

Plusieurs fois déjà, la docteure Claire L. a voulu me prescrire un arrêt de travail. J'ai toujours refusé, et pour plusieurs raisons. D'abord, j'ai le sens du devoir qu'ont les petites gens. Ensuite, je n'ai pas un tempérament à fuir les problèmes. L'institution m'a nommée professeure de philosophie, j'aime immensément mon métier, ma place est devant les élèves, et j'ai toujours entendu la tenir. Par ailleurs, je le redis, si incroyable que cela puisse paraître, les cours se passent très bien. Et j'ai aussi deux autres classes, très sympathiques, avec qui le travail constitue un réel bonheur. Ensuite, je me doute que le retour est difficile après un arrêt de travail. Surtout si certains élèves décident que le remplaçant est bien meilleur. Et je sais aussi que, en m'arrêtant de travailler, je donne un argument supplémentaire (et vrai, celui-là) à mes détracteurs : l'absentéisme.

Et puis j'avoue être bien naïve : j'ai espéré jusqu'à la fin de l'année ou presque que les élèves reconnaîtraient qu'ils s'étaient trompés à mon égard, ou qu'on les avait trompés. J'ai déjà eu quelques classes agressives, arrogantes, qui affichaient leur mépris... mais ici, rien de tout cela. Tout est insidieux, tout se fait dans mon dos.

En outre, il y a deux élèves dans cette TL2 pour lesquels j'ai le sentiment que mon départ sonnerait la fin des espoirs. Deux élèves qui s'écrouleraient s'ils n'étaient pas portés à bout de bras.

Le premier s'appelle Mikhail C. Très mûr, Mikhail est un réfugié russe dont la vie est compliquée, qui nous cache beaucoup de choses sur les vraies raisons qui le conduisent à s'absenter si fréquemment. Mais il a confiance en moi, et j'obtiens parfois des engagements – qu'il respecte peu, je dois le reconnaître. La proviseure-adjointe a officiellement décidé de ne plus s'en occuper, elle a donné aux CPE des instructions en ce sens, il répond avec insolence à des collègues, il ne se sent pas bien dans la classe, et je ne suis pas loin d'être le seul fil qui le relie au lycée, ne serait-ce que par des appels téléphoniques réguliers quand il s'absente. Avec le recul, je doute avoir réussi à l'aider, car il n'a pas passé les épreuves du baccalauréat. Toujours est-il que deux ou trois fois, j'ai pu m'entretenir avec lui de ses difficultés en cours d'Accompagnement personnalisé – car en tant que professeure principale, je convoque chaque élève au moins une fois dans l'année. C'est à m'occuper de lui qu'une des déléguées, Lucile N., m'a nommément reproché de passer trop de temps.

La deuxième élève s'appelle Marion J. Discrète et attentive, elle a le sourire triste. Le premier trimestre se passe normalement, mais j'apprends au cours d'une entrevue avec sa maman et le CPE qu'elle souffre de phobie scolaire. Je découvre aussi qu'elle a demandé à changer de classe en début d'année, non pas à cause de la « prof de philo », mais parce que, comme Mikhail, elle ne se sent pas bien dans cette classe, et qu'elle a une amie dans l'autre Terminale littéraire, laquelle aurait pu constituer un réel appui, scolaire et affectif. C'est sans doute la seule demande de changement de classe qui fût fondée, mais celle-ci ne fut pas entendue.

Marion est très mal lors de cette réunion, et peine à retenir ses larmes. Un emploi du temps aménagé lui est proposé sous forme de plan d'accompagnement individualisé, et il est décidé que la Vie scolaire collectera les photocopies – apportées par les enseignants – des cours auxquels elle ne peut assister. J'assure Marion et sa maman de mon soutien indéfectible.

Mais cet aménagement ne l'aide guère, et, rapidement, elle m'écrit pour m'informer qu'elle ne reviendra pas. Elle maintient son projet de passer le bac, mais elle ne peut plus venir en cours, elle a plus que jamais besoin de photocopies.

En fait, et malgré plusieurs relances, émanant de moi-même ou du CPE, aucun professeur ne s'occupe des photocopies. C'est moi qui dois le faire, pour toutes les disciplines, à partir des cahiers des élèves. Je m'impose d'emprunter les cours aux élèves et de leur rendre dix minutes plus tard, à la fin de la récréation – ce qui permet à la même Lucile N. de me reprocher mon retard, quand la file d'attente à la photocopieuse est trop longue. Il y a quelque chose comme une trentaine d'emplois du temps différents dans la classe, et je ne sais pas bien qui peut prêter quoi. Chaque lundi, je passe un temps précieux à quémander les cours à photocopier. J'ai mis du temps à me rendre compte que, même éloignée, et sans doute aussi parce que éloignée, Marion suscitait encore beaucoup de haine et de jalousie. C'est Cathy K., l'autre déléguée de la classe, qui a avoué, lors du Conseil de classe du troisième trimestre, que dès le début de l'année des propos indignes avaient été tenus à l'adresse de Marion. Je n'étais donc pas la seule à subir la sourde violence de la classe… Et je suppose que cette « phobie scolaire » de Marion était plutôt une réaction à ce qu'il faut bien appeler du harcèlement. Quoi qu'il en soit, elle a eu son bac, et dès le premier tour.

J'avoue malgré tout qu'un jour, déprimée et minée par tous ces ragots, je décide quasiment d'accepter un arrêt de travail. Je demande à la classe que ceux qui apprécient mon travail (et je sais qu'il y en a) se manifestent, arguant que j'avais d'urgence besoin de leur soutien. Je vois Angèle A. rejeter sa tête en arrière, et exulter en regardant le plafond. Je lui demande si elle va bien, pour lui signifier que je l'ai vue ; elle se reprend immédiatement.

Aucun élève ne dit quoi que ce soit pour me soutenir. C'est en pensant aux autres classes, et à l'éventualité qu'elles n'aient pas de remplaçant – presque tous les postes ont été supprimés – que je trouve la force de rester. Un jour, c'est le fait de remplir plusieurs dizaines de bulletins de la terminale scientifique TS2 qui… me redonne le moral !

Je dois préciser que, paradoxalement, les cours se passent bien avec cette classe. Les élèves sont sérieux, ils travaillent, en majorité. Ils sourient et participent. Un jour, Maria V. me dit : « En classe, ils voient bien qu'il n'y a pas de problème, que ton cours tient la route. Mais quand ils sortent, la manipulation refait son effet. »

Comme tous les ans en fin d'année, les élèves sont plus tendus. Parmi ceux qui le montrent se trouve Lisa Q. Élève ambitieuse mais pas assez brillante ni assez sérieuse pour obtenir les formations sélectives dont elle rêve, elle est peu agréable depuis le début de l'année.

Voici le rapport d'incident la concernant que j'ai rédigé :

La semaine dernière, j'ai déposé un rapport d'exclusion de cours à l'encontre de Lisa Q., qui avait répondu « Quoi ? » et « Mais j'ai besoin de ça ! » quand je lui avais demandé de bien vouloir ranger le travail d'histoire qui l'occupait sous mes yeux. Sa table touche mon bureau.

J'avais rappelé dans ce rapport que cette élève bavardait beaucoup, et que j'avais dû la séparer de son amie Sonia. Je précise que durant de nombreux cours elles « oubliaient » de se conformer à ma décision. Et réagissaient avec humeur quand je l'imposais. Elles ont même évoqué des problèmes de vue pour refuser la séparation.

Sonia étant venue solliciter ma clémence face à une période de deuil chez Lisa, j'avais autorisé son retour. Mais les promesses n'ont guère été tenues, et j'avais rapidement dû les séparer de nouveau.

Mardi dernier 31 mai, à 10 h 35, Lisa feuilletait un fascicule *Réviser le bac philo avec Le Monde* quand je lui ai demandé de prendre des notes. Elle a répondu : « Mais il faut bien que je sache ce qu'il y a dans mon livre pour savoir s'il y a des choses à noter. » Quand j'ai réitéré ma demande, elle s'est mise en colère, a ramassé ses affaires et est sortie. J'ai eu le temps de lui dire que c'était elle qui sortait, sans que je l'exclue. Elle a répété ma phrase. J'ai prié Cathy K. de l'accompagner, ou de signaler son départ à la Vie scolaire.

Cathy ne revenant pas, je me suis inquiétée, avec ses camarades, qui ont accepté de lui téléphoner, autour

de midi. Elle n'a pas répondu. Je finissais de ranger mon bureau avant de me rendre à la Vie scolaire quand elle est arrivée, pour prendre ses affaires. Je lui ai donné des photocopies que j'avais distribuées en son absence, et lui ai dit notre inquiétude. Elle m'a dit qu'elle avait discuté avec Lisa, « en attendant la Vie scolaire ».
À 14 heures, comme j'allais déposer le rapport joint, j'ai été interpellée par l'adjointe Florence M., qui m'a appris que ces élèves avaient été reçues par les CPE, puis par elle-même après 12 heures ! Elle me proposait... une médiation ! À partir du 2 juin ! J'ai dû insister pour la refuser, et même, pour faire entendre ma version des faits.
Je voudrais juste rapporter une réponse de Lisa, qui est antérieure, mais significative. Comme je lui demandais un justificatif d'absence, conformément au règlement intérieur, elle m'a répondu : « Bah, je l'ai ! » Puis : « Mais je l'ai pas validé. De toute façon, si vous préférez que j'arrive en retard, c'est pas compliqué. »

Suite à cette tentative de m'imposer une rencontre de conciliation, je perds tout courage. Ma docteure m'ayant déjà plusieurs fois proposé un arrêt de travail, je prends rendez-vous pour le jeudi en fin de matinée, en espérant qu'elle réitérera son offre, ce qui est le cas.

Le midi, je prie mon mari de bien vouloir déposer le document d'arrêt de travail au lycée, et d'en profiter pour déposer des copies corrigées (afin que les élèves les récupèrent) dans mon casier. Il commence, lui, à 15 heures. Il prend le temps de passer à mon lycée peu après 14 heures. C'est alors qu'a lieu un fait incroyable : en passant près d'un groupe d'élèves, il entend des insultes. Il croit qu'il n'y a qu'une élève qui parle, mais le proviseur me dira plus tard qu'en fait la phrase : « La (sale ?) pute, elle nous a même pas prévenus qu'elle venait pas cet après-midi, seulement pour nous faire chier… », est dite par Maëva H., tandis que c'est Lisa Q. qui dit : « La dernière fois, je me suis levée, c'est pas elle qui m'a virée, c'est moi qui me suis barrée », de manière haineuse, assortie d'un double « doigt d'honneur » devant ses camarades. Quand mon mari s'approche et leur demande : « C'est de ma femme que vous parlez, là ? », Maëva blêmit et se confond en excuses.

Mon mari téléphone au proviseur, qui se dit choqué, demande un rapport écrit, promet qu'il s'occupe personnellement du problème, et s'engage à nous rappeler dès qu'il en saura plus. On est le jeudi 2 juin, les cours se terminent le lundi 6.

Mais l'appel ne vient pas, à tout le moins pas avant ce lundi. En préparant ce livre, j'ai retrouvé les notes que j'avais prises lors de cet appel téléphonique. Le proviseur nie avoir promis de me rappeler rapidement.

« Je suis choqué par les propos rapportés, qui nécessitent un positionnement de ma part, et des excuses de la leur. Je comprends qu'ils créent de l'émoi, et je propose que nous réfléchissions ensemble à la suite à leur donner. Je n'ai pas eu le temps de rencontrer les jeunes filles, mais je vais le faire cet après-midi même, avant 15 heures, heure à laquelle j'ai un Conseil de classe. Je pense à une mesure de suspension pour les deux élèves, un contact avec les familles, une exclusion pour le lendemain. Pas de blâme, cela apparaît sur le dossier, pas de Conseil de discipline, cela n'aurait pas grand sens. Je ne peux prendre une sanction dans l'urgence, mais je ferai quelque chose. Que souhaiteriez-vous ?

— Monsieur le proviseur, à quelques heures de la fin de l'année, si on ne sanctionne pas dans l'urgence, on ne sanctionne pas. Et l'exclusion du lycée pour le dernier jour de "cours" est bien modeste, mais c'est la seule chose qui, symboliquement, puisse être décidée.

— Vous savez, moi aussi, parfois, dans la cour, je dois faire comme si je n'entendais rien. Il n'est pas question de faire comme si rien ne s'était passé, puisque votre mari est intervenu. Mais les propos n'ont pas été tenus en face, et il faut les resituer dans le contexte d'une cour d'école. »

Et je pressens dans ces propos la volonté de ne rien faire, et surtout... pas de vagues ! Est-il nécessaire de le préciser ? Elles ne seront pas sanctionnées, et le proviseur niera avoir promis de le faire.

Et je ne recevrai pas le moindre mot d'excuses.

Il y a au lycée une CPE intègre et généreuse, que certains appellent une « grande dame », qui m'aurait certainement soutenue si on avait pensé à faire appel à elle. « Ton mari aurait dû venir me voir, on serait allés chercher les élèves en cours. » Il n'y a pas pensé, en effet. Merci infiniment, Clémence, mais tu as eu d'autres malheurs. Dans ta générosité, tu t'occupes encore des miens !

Le proviseur appelle ensuite chez moi, le soir du mercredi 8 juin, qui précède le dernier Conseil de classe, du vendredi 10. Il veut savoir si je souhaite être présente. Le plus important, selon lui, est que ledit Conseil se passe dans la sérénité. Je devine que ma présence n'est pas souhaitée. Il me promet que, dans ce cas, il présidera le Conseil à la place de l'adjointe, et ne laissera personne tenir des propos qui n'auraient pas lieu d'être. Mais je réponds que je suis la professeure principale de la classe, et que j'ai l'intention de tenir ma place. Et d'entendre ce qui se dira.

Lors de cet appel téléphonique, il me demande aussi de modifier mes appréciations. Face à l'absence de sanctions, j'ai décidé de porter la mention « Propos outranciers » sur les bulletins du troisième trimestre de Maëva H. et Lisa Q., les élèves qui ont proféré des insultes. Je précise que ces bulletins ne sont demandés par aucune institution, puisque les dossiers de post-bac sont remplis depuis le mois de mars, puisque l'université ne demande que le diplôme… Je refuse de retirer cette appréciation. Il insiste, me dit que ce bulletin est important, je lui demande en quoi, mais il ne répond pas. Je veux savoir si les parents des deux élèves ont été informés, il doit reconnaître que non, « pas encore ». Je maintiens mon refus, il m'adresse des menaces : si c'est ainsi, je cite exactement, « on va aller au clash ». Je reste calme et j'acquiesce : « Eh bien, on va aller au clash. »

C'est finalement Florence M., la proviseure-adjointe, qui préside le Conseil de classe du vendredi 10 juin. Emmanuel A. est là, seul délégué de parents. Quand il demande que les copies du bac blanc soient rendues anonymes dorénavant, Florence M. se dit assez agacée par les sous-entendus de la requête. Elle ne réagit pas aux autres affirmations. Emmanuel A. est assez habile pour redire la même chose qu'au premier trimestre, mais sans me nommer, de façon générale. Il explique que les élèves ont eu besoin d'un peu plus d'aide extérieure, de cours particuliers, qu'ils ont dû « échanger » leurs cours avec des élèves d'autres classes, ou en chercher sur Internet. À la fin du Conseil, il redemande la parole pour féliciter les élèves d'avoir réussi à travailler « dans des conditions aussi difficiles ». Florence M. le remercie d'avoir pu se libérer de son travail[1].

Dans les jours suivants, je croise Abdel E., un professeur de Mathématiques. Je lui fais un bref résumé de la situation, car je sais qu'il a eu des problèmes d'accusations mensongères avec

1. C'est sa méthode, à Florence M. : quand un parent agressif dépasse les bornes, elle fait diversion en trouvant quelque prétexte pour le remercier.

des parents, ces dernières années. Il a eu aussi à affronter de vifs reproches de la part du proviseur, et ne va plus dans son bureau sans être accompagné par un collègue syndicaliste.

Ce qu'il me dit me laisse sans voix. Abdel a appris par sa femme que dès le collège, lors des réunions organisées dans le secteur par la Fédération des Conseils de parents d'élèves (F.C.P.E.), deux professeurs sont nommés pour leur incompétence : lui-même, et moi ! Et d'ajouter : « Maintenant, quand le proviseur entend des accusations contre moi, il arrête les parents : “Je ne veux pas en entendre parler”, mais te concernant toi, il dit : “Allez-y !” » Tout cela me paraît tellement énorme que je peine à le croire. Mais je dois bien reconnaître que la pièce s'ajointe parfaitement au puzzle du fonctionnement de toutes ces rumeurs malveillantes.

Quand j'arrive en pré-Conseil d'enseignement[1], quelques minutes après avoir parlé avec

1. Un Conseil d'enseignement est une réunion qui a lieu en juin. Par discipline, les enseignants, le proviseur et les adjointes font le bilan de l'année écoulée et préparent la rentrée suivante. La coutume veut que les professeurs se voient entre eux avant pour se mettre d'accord sur la répartition des classes, proposer d'éventuels projets... C'est le pré-Conseil d'enseignement.

Abdel, j'ai du mal à retenir mes larmes. Edmond W. et Thomas P. sont mes deux collègues en poste fixe, depuis plusieurs années. Je me permets de leur dire qu'ils n'ont absolument rien fait, rien dit, pendant toute l'année, pour m'aider ou me soutenir. Je cite l'exemple d'une professeure du lycée voisin, qui a subi des critiques similaires en début d'année… jusqu'à ce que ses collègues, dont mon mari, exigent et obtiennent une réaction de l'administration. À ma grande surprise, Edmond et Thomas acceptent alors de me soutenir et de demander au proviseur de nous recevoir tous les trois.

Edmond W. est plutôt petit, voûté et taciturne. Il parle peu – sauf pour m'humilier, comme on verra. Thomas P. est plutôt grand, il se tient droit, parle beaucoup avec charme – sauf pour me défendre. Engagé politiquement et syndicalement dans une défense de nos droits, il mène parfois des assemblées générales où tous l'écoutent avec admiration.

En fait, Edmond a besoin de croire que toutes ces attaques que je subis sont fondées. Il me rappelle ce que j'avais eu la faiblesse de lui raconter, il y a plusieurs années : les propos insultants d'une mère d'élève qui avait des comptes à régler avec le père de sa fille, professeur. Je m'étonne à voix haute qu'il manque de tact au point de s'autoriser de tels propos face à quelqu'un qui pleure, mais il n'entend pas. Thomas ne dit rien. Edmond continue : « Et d'ailleurs, le proviseur m'a dit qu'il avait un paquet comme ça [geste] de plaintes de parents. » Je suis sidérée parce que le proviseur m'a dit plusieurs fois qu'il n'y avait plus de récriminations à mon encontre, ajoutant même que, s'il y en avait, il me le dirait. Edmond interpelle Thomas : « D'ailleurs, à toi aussi, il l'a dit ! » Thomas ne dit toujours rien.

Le proviseur a donc tout fait pour monter mes collègues contre moi ? Manifestement, il a réussi, vu le peu de soutien – c'est un euphémisme – que je reçois. Mais ce n'était sans doute pas nécessaire. Pas difficile, en tout cas. Ils préfèrent profiter de ma mise au placard en récupérant la classe littéraire qui aurait dû m'être attribuée. Edmond est assez impuissant devant le désordre de ses classes et assez imbu de lui-même pour se satisfaire tout à fait de l'idée de ma médiocrité.

À ce moment, je suis tellement désemparée, j'ai reçu tellement de coups que j'ai l'impression de ne pas pouvoir aligner deux idées. Je demande à mes collègues si je peux appeler mon mari et le prier de venir. Nous prenons rendez-vous tous les quatre avec le proviseur pour lui demander quelles sont ces plaintes de parents.

De retour à la maison, je reprends mes esprits et m'aperçois que je n'ai pas assez confiance en Edmond pour qu'il assiste à un déballage de mes défauts, si déballage il doit y avoir. Je préviens mes collègues que je préfère qu'ils s'éclipsent, après avoir dit au proviseur qu'ils me soutenaient. Du coup, ils ne souhaitent pas que ce rendez-vous soit maintenu ! C'est mon mari qui, par téléphone, convainc Thomas de venir.

J'aurais préféré qu'Edmond ne vienne pas, mais le jour dit, il est présent aussi. Et il répète, devant le proviseur, les mêmes accusations agressives. « Nous sommes là pour te soutenir, Isabelle, mais tu dois bien reconnaître que ce n'est pas la première fois que tu as des problèmes avec des parents d'élèves. » Je le reprends doucement, fataliste : « Edmond, Edmond… », mais il n'entend toujours pas.

Je m'enquiers auprès du proviseur du paquet « comme ça » de plaintes de parents. « J'ai dit ça, moi ? » dit-il avant de changer de sujet de conversation.

Pris par d'autres obligations, mes collègues nous laissent rapidement. Edmond réclame de pouvoir me faire la bise avant de partir.

Je reste avec mon mari et Monsieur C. Il insiste pour que je dise que j'ai confiance en lui. Je ne cède pas à la pression, et je réponds simplement : « Vous avez une grande qualité, étant "quelqu'un à qui on peut parler", et dès votre arrivée au lycée, le climat s'est apaisé, dans les relations entre les enseignants et l'administration. »

Je me dis aussi décontenancée par un certain nombre de décisions, dont je lui livre la liste. Changement de classe de Jeanne S., refus de changement de classe de Marion J., refus de me donner les noms des parents mécontents malgré sa promesse, problèmes qui entourent les comptes-rendus des Conseils de classe, maladresses prononcées à mon encontre devant le parent d'élève Emmanuel A., ignorance de mes demandes de protection, élèves non sanctionnées, parents pas même informés des graves propos tenus par leurs filles, et même mises en cause personnelles et réitérées…

Il faut dire que je suis celle qui, au lycée, lance des pétitions contre la suppression de deux demi-postes d'informaticiens, ou la mutation forcée d'une infirmière, celle qui dit que c'est malvenu de faire la fête de 12 à 14 heures et de reprendre les cours après, celle qui dit qu'il est faux que telle chose soit impossible, puisqu'on la pratique au lycée voisin[1], celle qui dit qu'il n'est pas normal de décider d'ouvrir ou non un enseignement en fonction des pressions de certains professeurs, celle qui dit qu'on avait déjà essayé une classe mixte trois ans auparavant, et que cela n'avait pas marché... Celle qui dit tout haut ce que tout le monde pense tout bas, dénonce des manques de transparence, et empêche le Conseil pédagogique[2] d'être seulement une réunion où les coordonateurs ou des professeurs qui ont du temps (surtout ceux qui aiment flatter le proviseur) viennent exposer leurs projets, et valider, à titre consultatif, les décisions prises en amont par l'administration.

1. On pourrait penser que c'est irritant pour un chef d'établissement de sentir son lycée possiblement comparé au lycée voisin. Mais je tiens à préciser qu'il n'y a jamais eu de malveillance dans mes propos. J'ai toujours préféré mon lycée à celui de mon mari : plus de mixité sociale, existence d'un centre d'accueil pour élèves handicapés, etc. Des résultats un peu moins bons au baccalauréat, certes, mais beaucoup plus de mérite et de solidarité !

2. Le Conseil pédagogique est officiellement une instance de concertation et de consultation des enseignants par le proviseur. Il se réunit à peu près six fois par an. Les coordonnateurs de chaque discipline sont invités, mais tous les enseignants qui le souhaitent peuvent y participer.

Et il se trouve que deux fois déjà, l'année passée, Monsieur C. m'a prié de ne pas continuer d'intervenir lors de ce Conseil pédagogique.

La première fois, j'avais reconnu des maladresses. J'avais promis de faire attention, en expliquant qu'il n'est pas toujours facile de prendre le temps de s'exprimer de façon nuancée quand, après plusieurs heures de réunion, les collègues commencent à ramasser leurs affaires, et qu'on parcourt rapidement les questions annexes.

La deuxième fois, j'avais annoncé par mail, comme il était demandé, que j'avais l'intention de poser une question sur l'équipement des (futurs) bâtiments modulaires – six bâtiments modulaires annoncés, pour loger les classes sans construire de nouveau bâtiment ou de nouvel établissement. Le lendemain, en l'espace de cinq minutes, les trois chefs de l'établissement étaient venus me parler successivement. Monsieur Louis M. avait pris la peine de me vanter les qualités des « préfas », qui allaient pouvoir durer… cinquante ans ! Puis Florence M. était arrivée, avait commencé à m'adresser des reproches, était repartie rapidement. Enfin Monsieur C. m'avait priée de le suivre dans son bureau, où il avait réitéré sa demande. Mais cette fois, la démarche m'était apparue vraiment très grave. Il s'agissait vraiment de me faire taire. « J'ai besoin du soutien du Conseil pédagogique », s'était-il justifié. « Mais vous l'avez ! » avais-je répondu, déconcertée par cette fausse excuse. Si le Conseil pédagogique n'est pas le lieu où le lycée soutient le proviseur, je ne sais pas ce que c'est !

Cette volonté de me faire taire réapparaîtra. Un jour de concertation de mai d'une année antérieure, dans l'amphi plein d'enseignants, le proviseur vante les TICE (Technologies de l'information et de la communication pour l'enseignement) avant de nous donner la parole. Comme il avait officiellement soutenu notre démarche de pétition auprès du Rectorat et de la Région pour le maintien de l'informaticien, je demande s'il a des nouvelles. Et le proviseur de répondre, très agressif, que quand on veut poser une question, on en informe précédemment le destinataire. Je réponds que je n'avais pas prévu cette question, et que dans ce cas il ne fallait pas nous donner la parole. Il me présentera des excuses quelques jours plus tard, dans son bureau.

Pourtant, il y a bien des choses que je ne m'autorise pas à dire, précisément parce que je ne suis pas quelqu'un qui dénigre gratuitement.

Ainsi, quand le proviseur veut mettre en place quelques heures de préparation aux concours de Sciences Po, il justifie son souhait en expliquant qu'un lycée voisin propose un stage pour un prix supérieur à 1000 euros. « Ce n'est pas acceptable, dit-il, dans un lycée public. » Je pense à cet instant que c'est à peu de chose près le prix qu'on demande dans notre lycée aux familles qui acceptent de participer à un échange scolaire avec un établissement de Louisiane. Bien que j'en aie gros sur le cœur parce que mon fils fait partie d'un petit groupe d'élèves à qui le voyage n'est pas proposé, je me tais.

Mais revenons au rendez-vous entre mon mari, moi-même et le proviseur. Ce dernier écoute sans réagir et met brusquement fin à l'entrevue, car « il est bientôt 13 heures »... Nous nous quittons en évoquant un éventuel autre rendez-vous, où il pourrait prendre le temps d'évoquer le paquet « comme ça » de plaintes de parents.

Je n'accepte pas d'en rester là et, à la fin du mois de juin de cette première année, je retrouve donc Monsieur C. avec mon mari dans son bureau.

Au préalable, il repose la question des appréciations que j'ai refusé de modifier sur les bulletins du troisième trimestre des élèves qui m'ont insultée. Je découvre que, plus de trois semaines après le Conseil de classe, les bulletins de la classe n'ont toujours pas été envoyés, et qu'ils sont encore dans le bureau du proviseur ! De nouveau, il fait pression, et s'engage à écrire aux parents des élèves concernées, après m'avoir soumis le courrier, si j'accepte de retirer les mots « Propos outranciers ». Je comprends qu'il ne sert à rien de résister, car les bulletins risquent de n'être pas même envoyés… Je supprime ces mots le soir même, et j'en avertis le proviseur par mail. Est-il besoin de préciser que le courrier aux parents ne sera pas envoyé ?

Monsieur C. souhaite aussi préciser, lors de cette réunion, suite à la liste que j'ai établie des décisions déconcertantes émanant de son autorité, qu'il n'est pas la cause de ce qu'il s'est passé durant l'année. Je réponds que ce n'est pas ce que j'ai dit, ni ce que je pense. Et en effet, ce n'est pas ce que je pense, à cette époque.

Lors de l'entrevue, je répète regretter que les élèves insultantes n'aient pas été sanctionnées, contrairement à ce qui avait été promis. Mon mari évoque le cas d'une collègue de son lycée qui a subi des moqueries de la part d'élèves, durant son jogging. Bien que ce soit en dehors du lycée, ils ont été sanctionnés sans différer. Le proviseur ne répond pas.

Je demande des explications sur le contenu du paquet « comme ça » de plaintes qui me visent. Le proviseur cite pêle-mêle quelques remarques, non pas sans importance, mais sans commune mesure avec les événements que nous connaissons. Mon cours ne serait pas structuré. Je lui demande s'il a regardé le cahier de textes que je rédige en ligne, comme la loi m'y oblige. Il me répond que oui. Je lui montre des photocopies de cours d'élèves que j'ai faites pour Mikhail, qui n'est pas venu les chercher. Je lui demande si, selon lui, c'est un cours qui n'est pas structuré. J'explique que certains élèves refusent les α, β et γ qui suivent les I. 1. a., car c'est trop hiérarchisé. Il me répond seulement que ce n'est pas lui qu'il faut convaincre… Bien pratique !

Et par la suite, c'est moi qui dois subir des reproches ! Monsieur C. évoque à peine la question des retards[1] qui me sont reprochés. Il s'in-

1. J'avoue que je ne suis pas toujours dans la salle de classe au moment où la sonnerie retentit. Mais comment pourrait-il en être autrement, quand tout le monde se plaint de couloirs bloqués, où on ne peut pas circuler tant le lycée est saturé, avec 1 980 élèves (dont un certain nombre en fauteuil

terroge plutôt sur ma capacité à entendre les difficultés des élèves, tout en ajoutant, avant que j'aie le temps de répondre, qu'il ne saurait s'agir d'accéder à toutes les requêtes des élèves.

Il me reproche aussi de ne pas travailler en communauté avec mes collègues. Il faut préciser que Thomas et Edmond échangent parfois des classes, mais ni le quatrième enseignant ni moi-même n'avons souhaité participer à ce roulement. C'est mon mari qui trouve la réponse la plus juste à ce reproche, tellement évidente que je n'y pensais même pas : pourquoi irais-je réfléchir

---

roulant) se déplaçant à chaque heure ou presque ? Comment pourrait-il en être autrement, quand entre « ma salle » du bâtiment F et la salle des professeurs, au bâtiment B, il y a trois étages de vingt marches chacun, et deux cents mètres de cour à traverser ? J'ai déjà renoncé à aller en salle des profs aux récréations, acceptant ainsi de m'exclure *de facto* des relations entre collègues. Sans compter le temps d'attente aux photocopieuses pendant la récréation. Et pourquoi m'adresse-t-on ce reproche à moi, quand mes collègues fumeurs n'entendent rien ? Je suis loin d'être la dernière enseignante du couloir à ouvrir sa salle.

En septembre de la deuxième année, je veux prouver que j'arrive très peu en retard, et je demande à l'administrateur informaticien s'il peut éditer une liste des heures où j'ouvre ma session informatique, mais cela lui demanderait trop de travail. Et puis il n'est pas certain que tout n'ait pas été écrasé, depuis l'an dernier.

Je me demande aussi pourquoi on me fait tous ces procès d'intention, alors qu'on laisse bien tranquille les professeurs indifférents au sort des élèves…

à l'enseignement de la philosophie avec des collègues que j'apprécie inégalement, et dont l'un aime à me dénigrer, alors que je le fais en permanence à la maison avec un mari que j'aime ?

Le proviseur me reproche même de ne pas l'avoir invité dans ma classe ! J'explique que j'y avais pensé, avant d'y renoncer, car cela aurait pu être compris par les élèves comme une confirmation de mon incompétence.

Puis, sur un ton paternaliste, il me conseille d'être plus calculatrice, plus habile face aux élèves. Sans doute a-t-il raison, mais je tiens à construire une relation basée sur la confiance et la transparence. Je ne suis pas manipulatrice.

Une fois de plus, je rappelle à Monsieur C. que j'ai le CAPES, que je ne devrais pas avoir à me justifier. Et je souligne son devoir de me protéger, me défendre, et me soutenir. Il me répond que c'est ce qu'il fait, qu'il ne manque jamais de redire aux parents ma compétence reconnue par l'institution, mon « souci de la réussite de mes élèves », et les bons résultats qu'ils obtiennent à l'examen…

Je repense souvent aux révélations d'Abdel E., mon collègue harcelé lui aussi. Je décide d'en avoir le cœur net et j'évoque mon désarroi devant François E.[1], un collègue de la section d'enseignement professionnel en qui j'ai toute confiance. Il connaît Alain B., le président du Conseil local de parents d'élèves. Je n'estime pas cet homme. Bien que je l'aie croisé de nombreuses fois, à l'école de nos enfants ou lors de la mobilisation contre l'ouverture d'une seizième classe de Seconde, et bien que je lui aie parlé pour présenter par exemple mon projet d'enseignement de Droit et Grands Enjeux du Monde Contemporain, il persiste à ne pas me saluer. Il ne me voit même pas quand nous nous croisons, et il a toujours affirmé n'avoir reçu aucun de mes mails.

Je demande à François E. de s'enquérir auprès de lui d'éventuelles rumeurs. Il accepte volontiers de m'aider, appelle le jour même, et laisse un message sur le répondeur. Alain B. ne le recontacte pas, et c'est lors du pot de fin d'année que la question lui est posée. J'attends de mon

1. Pour m'aider à relativiser, François E. me rapporte des propos du proviseur à son encontre, aussi délirants que déplacés. Avant de sanctionner un élève pour alcoolisation lors d'un voyage linguistique, le proviseur dit à François qu'il doit vérifier si ce n'est pas lui qui a incité les élèves à boire ! J'en suis sidérée, tellement il est un professeur au-dessus de tout soupçon. Suite à ces accusations, ses élèves décident de faire une pétition pour le soutenir.

côté, espérant pouvoir parler avec lui, mais il s'éclipse très rapidement.

François revient vers moi, décrit un réel embarras chez Alain B., et confirme l'existence de rumeurs au sein de la F.C.P.E. Et j'entends… exactement les mêmes reproches dans la même version que ceux que le proviseur avait évoqués dès le début d'année[1] !

Au même pot de fin d'année, je revois une ancienne secrétaire du lycée, dont j'avais eu le fils en cours. Je lui demande si, en tant que parent d'élève, elle avait entendu parler de rumeurs ou d'allégations négatives à mon égard. Elle est catégorique : « Non, jamais, je t'assure ! » Je reste désorientée : tout cela serait donc très récent ?

1. En septembre de la troisième année, je penserai à poser à François E. une question qui m'apparaît saugrenue, mais je veux en avoir le cœur net. « Monsieur Alain B., ce n'est pas le mari de Madame Joëlle B., professeure de S.V.T au collège voisin ? – Mais si, bien sûr ! » Cela me paraît tellement invraisemblable que j'étais certaine d'obtenir une réponse négative, et pendant toutes ces années, je n'ai jamais fait le lien. Premièrement, mes fils et tous leurs copains, qui ont suivi ses cours, s'accordent à dire que l'enseignement de cette dame est très soporifique. Et c'est à mon encontre qu'il répand des rumeurs ! Deuxièmement, en outre, en discutant avec Madame B., j'avais découvert à la fête de fin d'année de l'école primaire de mes enfants que j'avais eu sa fille, peut-être dix ans auparavant. L'année s'était bien passée ! Alain B. a donc des éléments objectifs qui lui interdisent de remettre en cause la qualité de mon enseignement !

Aurais-je commis récemment de graves fautes, sans le savoir ? Je cherche des explications, des justifications à cette situation, mais rien ne fait sens. Je tâtonne comme une aveugle désorientée.

Est-il besoin de préciser que, pendant tout ce temps, je vais très mal ? Je sombre petit à petit dans la dépression, je dois prendre des anxiolytiques, je refuse les antidépresseurs, parce que je les soupçonne de graves effets secondaires sur le cerveau.

Les nuits sont longues et douloureuses.

J'ai parfois besoin d'ouvrir la fenêtre en pleine nuit, tant je me sens enfermée dans cette situation absurde, tant j'ai besoin d'air pour ne pas sombrer.

Je ne comprends pas ce qui peut occasionner toutes ces rumeurs malveillantes. J'envisage de demander ma mutation, bien que ce lycée soit celui que je considère comme « le mien », celui que j'ai choisi parce qu'il correspond le plus à mon choix de vie (public pas toujours favorisé, accueil d'élèves en situation de handicap, proximité des école et collège de mes enfants, du lycée de mon mari, de mon domicile...).

Et puis la fuite ne résoudrait rien. Si vraiment il y a un problème dans mes cours – et j'avoue qu'à cette époque je suis incapable de dire le contraire –, changer de lycée ne ferait que le déplacer. J'imagine les réunions de délégués de parents, et la rumeur me précéderait.

Et je me dis que certains, peut-être, espèrent mon départ, voire l'attendent pour récupérer mon poste. Et je décide de faire la rentrée à La Cantonnière, comme il se doit. Mais aussi en tremblant que tout recommence.

Complètement déstabilisée, je doute de tout. Je ne sais plus comment je dois parler aux élèves, comment je dois me présenter à eux, poser ma voix, ce que je dois exiger d'eux... Je ne sais plus comment je dois m'adresser aux gens, dans les magasins, je ne sais plus comment m'habiller... J'ai honte de celle que je suis. J'ai peur que des inconnus devinent que je suis nulle. J'ai peur du jugement des parents des copains de mes fils. Je mets moi-même la dépréciation dans le regard des autres. Je m'interroge quand je vois des chômeurs un peu âgés suivre une formation de recyclage. Je doute de moi-même, de la qualité de ma personne… Je me dis qu'il faudrait une maladie grave pour résoudre tous ces problèmes. Je pense à cette institutrice enceinte dont les journaux avaient relaté le suicide.

Mon mari tente de me réconforter : « Je ne comprends pas comment, avec ton expérience, tu peux te laisser déstabiliser par tous ces c… » Il insiste sur le fait que les autres classes ne se plaignent de rien, que ce sont des classes très gentilles, très agréables, que je ne connais même pas ce phénomène d'usure que d'autres connaissent, à mesure que l'année avance. Il me dit que c'est tout de même très étonnant que, soudainement, je sois devenue une mauvaise prof, alors que pendant vingt-cinq ans tout s'est globalement bien passé. Et que je n'ai que de bons rapports d'inspection… Je sais tout cela. Mais je souffre tout de même.

Depuis plusieurs années, nous avons une CISE (Cantonnière intersyndicale enseignante), c'est notre liste de diffusion numérique. On sait maintenant qu'il y a des professeurs qui rapportent à l'administration ce qui s'y dit, mais cela fonctionne bien malgré tout, pour transmettre des informations. À la fin de l'année, j'ai écrit un petit mot pour attirer l'attention sur le fait que des insultes graves et répétées pouvaient être étouffées par l'administration. Une toute petite réponse d'un ou deux collègues m'aurait tellement aidée !

Mon psychiatre prévoit de cesser ses consultations. Je m'entretiens avec une psychologue qui me conseille de déposer une déclaration auprès du Défenseur des droits, en mettant en évidence le phénomène de harcèlement. Qu'elle en soit ici remerciée. C'est la seule interprétation qui m'aide à donner du sens à tout cela – si toutefois l'on peut dire que ce type d'agression ait un sens… Mais à cette époque, je soupçonne plutôt le parent d'élève délégué d'être à l'origine de ces rumeurs.

Elle m'explique que, dans ce type de situation, il n'y a en général que deux solutions pour se protéger : la fuite ou la plainte en justice.

DEUXIÈME ANNÉE

Le début de la deuxième année se passe très bien. Cela me rassure un peu. Mais ni la peur ni le doute n'ont disparu.

Il faut dire que j'ai renoncé à demander une Terminale littéraire, par manque de confiance et par peur, aussi, de voir tout cela recommencer. Certains collègues m'assurent que ce type de rumeurs ne peut pas perdurer. Mais nous savons tous que la réalité n'est pas si simple. Et je ne sais pas ce que je demanderai pour l'année prochaine, ni ce que le proviseur me confiera.

Conséquence : Edmond W. a pris « ma TL », celle qui aurait dû me revenir, petite classe de 20 élèves cette année. Il l'a prise en sachant qu'une intervention chirurgicale le contraindrait à s'absenter plusieurs mois. Au moment où j'écris ces lignes, après plusieurs semaines d'absence, il n'est toujours pas remplacé. À raison de huit heures hebdomadaires de cours, l'absence crée un réel manque dans la préparation à l'examen…

J'ai ressenti une grande injustice les premiers jours. Je ne suis plus professeure principale. Je ne fais plus de cours d'Accompagnement personnalisé (cours de méthodologie, de préparation à l'orientation… qui allègent la journée et permettent de limiter le nombre de classes). J'ai cinq classes, dont quatre à 34 ou 35 élèves. Uniquement des classes à examen, évidemment. C'est très lourd. Des classes où la philosophie est moins, voire beaucoup moins, importante…

Je ne rencontre pas de problèmes en ce premier trimestre. Le proviseur m'a dit qu'il n'y avait pas d'inquiétude chez les élèves et leurs parents. Sa réponse attire mon attention. « Il n'y a pas de problèmes exprimés par les parents. S'il y en avait eu, je vous l'aurais dit. » Je m'étonne de cette précision : « C'est sûr ? — Oui, quand il y a des mécontents, je le dis toujours », me répond-il.

Les notes détaillées des élèves au bac arrivent habituellement au lycée en novembre[1]. Mais cette année, on me dit qu'il n'est pas possible qu'elles me soient transmises. Après deux secrétariats, la Vie scolaire, un proviseur-adjoint, j'aboutis dans le bureau du proviseur, qui me dit que, maintenant, « c'est compliqué ». Et les notes ne me seront jamais communiquées.

Et pourtant, mon mari a toujours connaissance des notes des élèves au bac, dans le lycée voisin. Il ne peut pas imprimer le document, parce qu'il s'agit de tous les élèves classés alphabétiquement, y compris ceux de ses collègues, mais il peut le consulter. Ce qui me paraît assez normal et assez sain…

Seule consolation, je ne peux m'empêcher de penser que si les notes de mes élèves avaient été mauvaises, ou peut-être seulement un peu inférieures à celles des autres classes, on se serait fait un plaisir de m'en informer.

---

1. Avec le précédent proviseur, on les recevait sur notre boîte mail. C'était un peu délicat, parce qu'on pouvait comparer les notes de ses élèves avec celles des élèves du collègue. Et sans insister, j'avoue avoir été satisfaite de la comparaison. Depuis l'arrivée de l'actuel proviseur, il fallait aller demander ces notes au secrétariat pour en prendre connaissance.

En feuilletant un journal local, je tombe en décembre de la deuxième année sur un article annonçant une conférence d'un ancien ministre philosophe, que j'ai eu la chance d'avoir pour professeur. Bien que je sois rarement d'accord avec lui, c'est un homme que j'admire et que je respecte profondément. À la fin de la conférence, je vais le saluer. Nous échangeons quelques souvenirs, je le dépose à son hôtel. Coordonnatrice de l'équipe de philosophie au lycée, je l'avais déjà invité par écrit il y a quelques années. Nous avions obtenu un crédit important pour faire venir une grosse pointure de la philosophie au lycée. Mais il était à cette époque très occupé. Ce soir de décembre, quand je dis que je me doute qu'il n'a pas le temps de donner des conférences face à des élèves, il me répond : « Pour vous, je le ferai. Et je viendrai même gratuitement. »

Et c'est sur un petit nuage que je vais en informer le proviseur. Il se montre réticent. Il me dit : « Oui, sur le principe », mais il refuse que cela se fasse avant l'élection présidentielle. Quand je demande si on peut le défrayer, il répond : « On ne va tout de même pas soudoyer un ministre. » Et quand je souligne qu'en faisant venir la presse on fera de la publicité pour le lycée, il rétorque que ce n'est pas forcément de la bonne publicité…

Je décide de différer, et finalement, en septembre suivant, j'annulerai. J'informe l'ancien ministre de ma décision que je motive explicitement par une situation de harcèlement moral. Il me souhaite bon courage.

La réunion parents-professeurs de décembre de la deuxième année se passe très bien. J'en suis presque étonnée. Reconnaissante quand des parents d'une élève dont j'avais eu le frère viennent me saluer. Apaisée quand une mère vient prendre mon avis, car son fils veut faire des études de philosophie. Uniquement des gens gentils et respectueux.

Mais le proviseur veut me voir. Il insiste depuis la rentrée pour que je prenne rendez-vous avec lui, afin, dit-il, de « solder l'an dernier ». Avec Maria V., déléguée syndicale, nous trouvons un moment où nous sommes disponibles toutes les deux. Le rendez-vous a lieu le 12 décembre. Nous nous attendons à un discours convenu du style : « J'espère que vous allez bien, il y a eu des maladresses, mais ce qui compte, c'est le travail des élèves… »

En réalité, le projet est tout autre. Monsieur C. évoque les courriers qu'il s'était engagé à me soumettre avant de les envoyer aux parents des élèves qui m'avaient insultée, Maëva H. et Lisa Q. Il reconnaît n'avoir pas répondu à ma relance, et n'avoir pas envoyé les courriers. Il souhaite m'expliquer pourquoi, en distinguant bien les cas.

Concernant la première élève, il m'explique qu'il a rédigé en juillet un courrier à l'adresse des parents de Maëva, mais il a préféré annoncer son envoi par téléphone. Maëva s'est mise à pleurer au bout du fil, et comme elle devait avoir 18 ans au mois d'août, il a renoncé.

Le proviseur me remet ce courrier – en m'indiquant qu'il compte sur moi pour que je ne le diffuse pas. J'avoue ne pas comprendre « Vous craignez que je l'envoie moi-même ? – Non. » Je trouve éhonté de me remettre un courrier qui n'a pas été expédié, mais je ne dis rien.

Je découvre aussi qu'il n'a jamais été question d'informer les parents de la deuxième élève, puisque Lisa nie avoir tenu les propos en question – qui pourtant la désignent d'eux-mêmes !

Mais ce n'est pas tout : ses parents ont écrit au proviseur, et ont été reçus par lui en juillet…

pour exiger la modification du bulletin du troisième trimestre ! Car leur fille a une assez haute idée d'elle-même, et veut déposer cette année encore un dossier de candidature en classes préparatoires aux grandes écoles.

Sans hésiter un seul instant, je refuse. Je rappelle que j'ai déjà accepté de la modifier – en échange de l'engagement du proviseur à écrire aux parents… Il insiste : « C'est la demande des parents, je vous la transmets. Il me semble qu'il faut prendre en compte le contexte particulièrement crispé de la fin d'année. » Il reprend plusieurs fois cette dernière formule.

Je suis lasse de tant d'hypocrisie. En effet, la classe avait « crispé » le contexte, et le comportement de Lisa y était pour beaucoup. Il y a des choses que je déplore, dans ce qui s'est passé l'an dernier. Pour la première fois, je parle de harcèlement à mon encontre. Je regrette de n'avoir pas porté plainte – le proviseur se raidit –, je regrette d'avoir refusé à maintes reprises un arrêt de travail, « je regrette, monsieur le proviseur, de ne pas avoir demandé avec insistance que vous me souteniez ». Et c'est là que je l'entends me répondre : « Ce n'est pas parce que vous me l'auriez demandé que je l'aurais fait. »

« Si les parents peuvent choisir si l'appréciation leur convient ou non, on n'a qu'à les laisser la remplir, mais, en l'état actuel de la législation, mon appréciation constitue un engagement d'authenticité, en particulier face à mes collègues du supérieur, qui sélectionnent les meilleurs élèves », dis-je, assurée. C'est tout de même scandaleux qu'un proviseur demande à une professeure de modifier un bulletin pour satisfaire les parents.

« Si c'est ainsi, menace Monsieur C., je vais vous laisser vous débrouiller avec les parents, et ils prendront rendez-vous avec vous. »

Il refuse de me montrer le courrier écrit par le père de Lisa – pourquoi donc, qui manipule qui ? – mais me le résume. Les bavardages, est-il apparemment écrit, ne sont pas nouveaux, et si l'oral n'a jamais été fait, c'est de ma faute : c'est moi qui l'ai repoussé plusieurs fois, selon lui, et puis j'étais absente (les deux derniers jours !).

Ma voix se brise et l'entretien touche à sa fin. Le proviseur insiste pour que je réfléchisse à cette demande de modification de bulletin, et que je lui écrive dans la soirée. J'affirme que je ne changerai pas d'avis. Au moment de partir, il déclare ceci : « J'ai essayé de vous soutenir, madame Le Foll, même si ça ne s'est pas vu. »

Le soir même, je lui écris qu'il n'est pas question que je modifie quoi que ce soit. J'ajoute à mon courriel quelques éléments d'appréciations d'autres collègues d'autres matières, peu flatteurs, concernant la jeune Lisa.

Mon mari me fait tout de même remarquer quelque chose : alors que l'élève est loin d'être brillante, et a de nombreuses appréciations empreintes de réserve, émanant de plusieurs enseignants, sur ses bulletins, pourquoi est-ce que c'est à moi, et à moi seule, qu'on demande une modification d'appréciation, face à l'impossibilité d'entrer en classes préparatoires ?

Maria V., qui m'accompagne, précise de son propre chef quelques jours plus tard au proviseur qu'il n'y aura ni modification ni rendez-vous, et que je ne porterai pas plainte. Le proviseur m'adresse en copie le courrier envoyé aux parents, qui les informe de ce refus.

Je vais mal et je me rends chez un nouveau psychiatre, à partir de novembre de la deuxième année scolaire. Mais il ne m'aide pas du tout, au contraire. Il m'incite à faire des compromis, à changer l'appréciation en question... En fait, en plus d'avoir à gérer la situation, j'ai à gérer ce qu'il me dit et qui m'agresse. Je me demande si c'est une stratégie, et je la trouve bien curieuse. Rapidement, j'annule les rendez-vous.

Depuis le début de l'année scolaire, la classe de Terminale économique et sociale qui m'est confiée a changé de professeur principal. Cette classe est mixte : une partie est littéraire, l'autre, celle que j'ai, est économique. C'était la professeure d'Histoire-Géographie qui était professeure principale, car c'est elle seule qui avait les deux parties de classe. Mais pour des raisons que j'ignore, cela n'a pas duré. Edmond W., mon collègue de philosophie, a récupéré la responsabilité de la partie littéraire, et Charles T. a reçu la partie économique. Mais je découvre en ce début d'année que ce collègue est déjà professeur principal dans une autre classe, en Première ! Je dois dire qu'en vingt-sept ans de carrière, je n'ai jamais vu cela. Être professeur principal de deux classes ! Ça ne se fait pas ! Comment peut-on représenter simultanément et s'occuper de manière privilégiée de deux classes ? Quand j'en parle à Charles, il me dit tout de suite : « Oh oui, et qu'est-ce que ça m'a fait suer ! Je ne voulais pas être professeur principal des terminales, je suis allé le dire au proviseur, qui m'a répondu qu'aucun professeur ne le voulait ! »

En fait, entre ceux qui n'ont pas cette classe en entier et ceux qui ont des élèves mélangés avec d'autres classes, comme en langues, en mathématiques, en spécialité..., je suis la seule à pouvoir être nommée professeur principale. Pourquoi le proviseur ne me l'a-t-il pas proposé ? J'aurais accepté avec plaisir. Et je mets toujours sur mes fiches de vœux que j'accepte d'être professeure principale.

Charles T. ne comprend pas non plus. Et quand je lui parle de mesure de rétorsion, il veut savoir pourquoi. Ai-je besoin de préciser que je n'ai jamais manqué de respect au proviseur, ni à qui que ce soit dans le lycée ? Et si certains collègues me connaissent comme celle qui dit ce qu'elle a à dire, je ne suis pas non plus, tant s'en faut, une agressive pasionaria qui ferait des coups d'éclat. Quand je fais parfois état de mes malheurs, les collègues se montrent étonnés, n'ayant jamais – et pour cause – été témoins de la moindre dispute avec le proviseur. Seuls ceux qui suivent de très près la vie du lycée savent mon engagement.

Fin octobre de la deuxième année a lieu comme tous les ans la remise des diplômes pour les élèves bacheliers de l'an passé. Un élève sympathique de la TL me laisse entendre qu'il souhaiterait me parler. Je me dis qu'il a peut-être des révélations à me faire sur les origines de la rumeur… Mais en réalité, non, il a juste envie de revenir sur l'année passée. « Moi, ce que les autres disaient de vous, ça m'intéressait pas parce que je vous aime bien. » Et d'ajouter, au fil de la conversation : « Mais bon, c'est vrai que vous corrigiez vite les copies, mais c'était un peu expédié ! » Les bras m'en tombent… Ainsi, même un élève bienveillant était intérieurement convaincu de mes défauts ! Même les qualités indiscutables de mon travail étaient interprétées contre moi ! Moi qui pendant des dizaines d'années ai mis un point d'honneur à rendre les copies sous huitaine, quand les élèves ont encore leur travail en tête ! Moi qui savais que mes collègues étaient beaucoup moins scrupuleux, en particulier Edmond, qui ne rendait jamais un paquet de copies avant un mois… C'est encore lui qui emportait la mise ! Et en effet, je ne le savais que trop : quand on est convaincu que quelqu'un est incompétent, tout ce qu'il fait, même le meilleur, est interprété comme une confirmation de son incompétence.

Avec les élèves de la deuxième année, pourtant, tout se passe très bien. Je réussis à tisser avec toutes les classes une réelle relation de confiance. Des élèves me disent à la fin de l'année qu'ils ont apprécié de travailler avec moi – c'est plutôt rare qu'ils s'expriment ainsi, en Terminale. Les élèves de STMG me disent souvent qu'ils m'aiment bien, et je le leur rends bien, même si c'est assez « sportif » d'aller faire cours dans cette classe. Des élèves de TES4, réputés difficiles, ne me posent aucun problème. « Oui, mais vous, c'est pas pareil, madame… » Un élève s'est inscrit en faculté de philosophie. En juillet, certains écrivent pour dire merci, « du fond du cœur », ou pour se réjouir avec moi de leur note. Je suis très heureuse que cette triste affaire n'ait pas altéré mes relations avec les élèves. Je leur fais cours avec toujours plus de bienveillance, et j'aime toujours autant mon métier.

Le pré-Conseil d'enseignement a lieu le 12 juin. En tant que coordinatrice, j'ai fait plusieurs photocopies du tableau de répartition des services, parce qu'il n'est pas toujours facile de trouver l'organisation qui convient à tous. Mais cette fois, la première tentative est la bonne, et nous nous quittons sur le projet suivant : Thomas P. et moi-même prendrons une TL, Edmond W. n'en aura pas cette année-là, et deux autres collègues arriveront.

Un stagiaire est annoncé et il faut que nous désignions celui d'entre nous qui sera son conseiller pédagogique. Je ne suis pas contre le fait d'être cette tutrice car cela peut montrer aux élèves que l'institution reconnaît mes compétences. Mais Edmond W. le réclame, arguant du fait qu'il n'a pas de Terminale littéraire. Je ne vois pas bien le rapport, mais je ne veux pas me battre là-dessus. Il faut dire tout de même qu'Edmond dans le rôle de celui qui doit montrer comment être un bon professeur, c'est assez cocasse !

Très rapidement, le Conseil d'enseignement est repoussé, et la secrétaire du proviseur m'écrit qu'il veut me voir avant qu'il ait lieu. Je dois en demander la raison[1], et il m'est répondu qu'il s'agit des services. Mon sang se glace car je me

1. En principe, et depuis plusieurs années, le proviseur s'est engagé à ne pas convoquer sans en donner la raison (cela fait partie des choses qu'il faut rappeler à chaque nouveau proviseur…).

doute fort de ce que veut me dire le proviseur. Tout va donc recommencer ?

Le rendez-vous ne peut avoir lieu et je vais dans son bureau après le Conseil d'enseignement. Le proviseur sait déjà que je demande une Terminale littéraire. Il me prie d'y renoncer, au motif que « les élèves n'adhèrent pas à ce que [je fais] » et qu'il y a trois ans – un peu plus, en réalité – une mère d'élève, documentaliste au collège voisin, avait envoyé une lettre d'indignes accusations. Il me dit que les élèves trouvent que je les infantilise en faisant, il ne sait plus très bien, des croix en face de leur nom… Non, monsieur le proviseur, j'ai tant d'élèves que je note seulement leurs manquements, pour ne pas les oublier si j'ai besoin de les mobiliser, et, en effet, cette mère avait été sidérée d'apprendre de quoi sa fille était capable, jusqu'à rapporter en plein cours les propos malvenus que sa mère avait tenus en privé[1] ! Et, en effet, cette pratique était dénoncée dans ladite lettre. Il l'avait donc relue pour nourrir ses

1. Je rapporte ici tels quels les propos de l'élève, mais j'avoue que c'est incroyable, tant c'est caricatural : « Ma mère, elle a dit que vous n'auriez pas dû nous faire étudier cette œuvre, c'est trop difficile. – Alors, si votre mère l'a dit… – Oui, et ma mère, elle est documentaliste. »

reproches ? C'est tout ce qu'il avait pour justifier sa décision ?

Je refuse de renoncer à la Terminale littéraire, arguant que c'est à lui qu'incombe cette décision, et que je ne me ferai pas complice de cette injustice. J'essaye d'argumenter. Je dis que je maintiens ma demande, et que si la rumeur reprend – ce qui n'est pas certain –, il faudra qu'il me soutienne.

Je me doute qu'il sait déjà qu'il ne me donnera pas cette classe littéraire que je demande. Mais j'essaye de le convaincre. J'évoque l'éventualité de me confier le stagiaire, la possibilité d'une réunion de présentation de la philosophie à l'attention des parents, la demande d'une inspection… Je redemande que me soient montrées les notes de mes élèves au bac, Monsieur C. me répond de nouveau que c'est compliqué…

Je lui donne un texte que j'ai toujours avec moi, symbole du courage d'un philosophe face à la pression du pouvoir, qui va jusqu'à le tuer. J'explique qu'il n'est pas question pour moi de comparer le proviseur à un dictateur, mais de lui montrer quelles sont les valeurs qui m'animent. « Les motivations de l'action ne se trouveront plus (…) dans le domaine de la peur ou de l'avantage matériel, mais dans le respect pour ce qui en l'homme est supérieur, dans la conception du devoir et du bien commun (...). Ce qui est nécessaire, c'est de se conduire en tout temps avec dignité, de ne pas se laisser effrayer et intimider. Ce qu'il faut, c'est dire la vérité[1]. » Je sais bien que c'est la liberté de ma parole critique que le proviseur veut me faire payer.

J'ajoute que s'il a déjà pris sa décision, il peut m'en faire part sur-le-champ. Il répond qu'il n'en est rien, et me prie de le contacter si je change d'avis. Je lui dis qu'il doit prendre sa décision, et que moi, je prendrai la mienne. Je pense déjà à ce livre, mais je ne veux pas avoir l'air de faire du chantage.

Ma collègue syndicaliste, Maria V., me rappelle qu'il est toujours possible de faire une inscription au registre hygiène et sécurité au travail. Sans doute aurions-nous dû le faire aussi depuis longtemps. Mais les versions divergent sur ce registre : certains disent qu'il ne sort pas du lycée, d'autres qu'il est examiné au niveau des instances

1. Jan Patocka, cité par Roman Jakobson, dans la « Postface » aux *Essais hérétiques*.

supérieures, sous responsabilité académique... Et je m'en méfie. Comme elle sans doute, qui ne fait jamais que l'évoquer, et me dit souvent qu'il faut « attendre voir ».

Comme toutes les femmes de mon âge, je reçois une invitation pour une mammographie de dépistage. J'en sors rassurée. Mais dans le cadre de cette opération, un autre médecin relit les clichés et demande que d'autres radiographies soient réalisées. Je suis très inquiète. J'ai travaillé sur la question du psychosomatique, et je sais que les « maladies de civilisation » sont bien plus nombreuses que les médecins veulent bien le reconnaître. Je connais plusieurs femmes qui ont exprimé par leur corps les souffrances de leur esprit, en développant un cancer. Mais le premier médecin me rassure : « Vous n'avez rien. »

À la mi-juin de cette deuxième année, je vais chez Abdel, le collègue qui a aussi eu des problèmes à cause du proviseur. Il habite non loin du lycée. Il est en arrêt de travail depuis plusieurs mois. Je viens prendre de ses nouvelles, le proviseur a dit qu'il reprenait une formation pour la rentrée. J'ai proposé aussi de vider son casier, comme chacun doit le faire en fin d'année.

Il n'est pas question de formation pour lui puisqu'il est en arrêt de travail pour dépression jusqu'au 18 septembre. Il me raconte ses entrevues avec des médecins peu bienveillants au rectorat, le refus de l'inspectrice de le soutenir. Pour lui, le lycée, c'est terminé. Il ne sait pas ce qu'il va devenir. Il va très mal et me dit qu'il essaye d'oublier tout ce qu'il a entendu de la bouche du proviseur.

Au mois de mai, j'avais proposé aux collègues de signer une petite carte pour Abdel. Plusieurs m'avaient remerciée pour cette initiative. Mais ce jour-là, je comprends que ce n'était pas une bonne idée. « Les collègues, ils sont gentils de m'envoyer un petit mot, mais quand j'en avais besoin, personne ne m'a soutenu. » Je lui dis que c'est moi qui suis à l'origine de cette carte. Mais c'est vrai, même moi, je n'ai pas soutenu Abdel. Je ne savais pas dans quelle situation il était. (Car, contrairement à moi, il n'a jamais communiqué sur ses soucis, et n'a jamais demandé qu'on le soutienne.) Mais je m'en veux tout de même…

Un de ses enfants arrive. Il est beau et timide. Je me demande ce qu'un adolescent peut penser de son parent dans cette situation. Je me demande ce que mes enfants peuvent penser de moi et comment cette affaire peut leur donner foi en la vie.

Le lundi 26 juin de la deuxième année, je reçois un courriel du proviseur lui-même, assez agressif, qui dit confirmer une position déjà exposée, à savoir que si je maintiens ma demande d'une Terminale littéraire, il s'y opposera.

Je réponds que je maintiens ma demande, parce que je refuse de me faire complice de ma propre exclusion. Une fois de plus, je demande à être informée officiellement des choses qui me sont reprochées. Pas de réponse.

Je ne veux pas paraître menacer le proviseur, mais je ne veux pas non plus le prendre en traître. Je l'informe d'une demande d'enquête pour harcèlement moral à l'encontre de la F.C.P.E. J'espère qu'il va comprendre que je n'ai plus l'intention de me laisser faire, et qu'il va se méfier. Mais non, il ne comprend pas… Ou alors, il se sent intouchable…

Ainsi, me voilà prisonnière : ou bien j'accepte de me soumettre à cette rumeur malveillante, et je me relègue moi-même aux classes les moins intéressées, ou je ne l'accepte pas, et on m'y relègue d'autorité.

Est donc réaffirmé ce jugement porté on ne sait pourquoi et on ne sait par qui sur mon incompétence. Est donc bafouée la liberté pédagogique et philosophique de l'enseignant de philosophie, inscrite pourtant dans les textes officiels[1]. Est donc foulée aux pieds la valeur de la certification que m'a accordée l'institution. Est donc maintenue cette menace du harcèlement recommencé si je veux simplement avoir le droit d'enseigner dans une série où la philosophie est importante, et si je veux seulement être reconnue comme quelqu'un qui fait bien son travail.

En juillet, je rencontre Monsieur Damien L., délégué du Défenseur des droits, à la Maison de la Justice et du Droit. C'est l'été et il prend soin de m'appeler, pour que je ne rate pas le rendez-vous. Professeur en retraite, il accueille mon récit avec compréhension et respect. Son écoute est pleine de tact et de distinction. Pas un seul mot qui trahirait un soupçon à l'égard de mon récit. « L'Éducation nationale, me dit-il, est un milieu vraiment à part. Il s'y passe des choses

1. *Bulletin officiel*, n° 25 du 19 juin 2003.

qui ne se produisent pas ailleurs. » Cela me laisse dubitative.

Je sors très déçue de cet entretien, comme je le pressentais. Les vieux prospectus évoquaient explicitement le harcèlement moral, mais pas les nouveaux. Il y a vingt-trois causes identifiées de discriminations, mais le désir de justice ou de vérité n'en est pas une ! Je ne suis pas discriminée à cause de mon sexe, de ma couleur de peau, de ma religion, de mon handicap… Au sens strict, je ne suis pas discriminée, je suis harcelée. Le délégué du Défenseur propose seulement de faire en sorte de ne pas classer mon dossier trop vite.

Il me donne quelques conseils, nous échangeons sur la manière d'amener les élèves à comprendre le droit, la bioéthique, mais je dois m'y résoudre, le Défenseur ne peut rien pour moi.

Par deux fois, il laissera un message sur mon répondeur, me conseillant de m'adresser à un médiateur. Mais cela ne me convient pas : que peut faire un médiateur dans une relation de pouvoir qui associe mauvaise foi, malveillance et manipulation ? Je n'ai jamais pris le temps de répondre à ce monsieur, et je m'en veux. Ce récit sera ma réponse, et mon remerciement tout à la fois.

J'attends avec anxiété, mais sans illusion aucune, le courrier qui, mi-juillet, fixera la répartition des services – c'est-à-dire des classes entre les collègues.

Le 17 juillet, c'est Christine U., ma nouvelle collègue, qui m'appelle. Le proviseur fait pression sur elle et sur Edmond W. pour que l'un d'eux accepte la Terminale littéraire qui est censée me revenir. Lors du premier rendez-vous, elle a esquivé la proposition, me dit-elle. Mais il insiste maintenant. Elle m'appelle pour me dire qu'elle a décidé de ne pas prendre parti, et... d'accepter cette classe ! Je cite Jean-Paul Sartre, pour qui choisir de ne pas choisir, c'est encore choisir. Elle m'explique qu'elle est mal. Elle répète : « Je te crois, Isabelle », quand je dis que cette discrimination est injuste et injustifiée. Elle ajoute : « Je te crois, mon ex est proviseur. » Je la remercie de son appel, parce que mes yeux se mouillent.

C'est un coup de couteau dans mon dos, je savais bien que quelqu'un le ferait. Au moins a-t-elle eu la politesse de m'en avertir...

Elle m'envoie un SMS pour préciser qu'elle va donner la même réponse au proviseur qu'Edmond : « Oui, je prends la TL si vous me l'imposez. » Une façon de nier sa responsabilité. Je réponds à Christine que je suis désolée qu'elle arrive dans un tel contexte.

J'envoie au proviseur la réponse que j'avais préparée. Je lui demande de transmettre ma demande d'inspection par voie hiérarchique, je demande communication de mon dossier administratif, je l'informe que je vais faire une inscription sur le registre hygiène et sécurité, je cite entièrement l'article 11 de la Loi n° 83-634 du 13 juillet 1983, modifié par la Loi n° 2016-483 du 20 avril 2016, et je réitère, pour la énième fois, ma demande de motivation de cette décision.

Cette liste de demandes aura peut-être porté ses fruits, parce que, cette fois, je reçois une réponse, le 24 août de la deuxième année. J'apprends que, les années où j'enseignais en TL, « des familles ont exprimé, alors, une inquiétude concernant l'efficacité de [mon] enseignement au regard de l'enjeu de cette discipline pour ces classes ».

La phrase est habile, elle permet de balayer d'une main l'argument selon lequel je n'ai pas de problème avec d'autres classes : l'enjeu est moindre. Mais trois années sont citées. C'est là que se glissent plusieurs incohérences. Si des inquiétudes graves s'étaient fait jour, pourquoi n'ai-je pas été informée ? Pourquoi le proviseur me confiait-il encore des classes littéraires ? Pourquoi m'a-t-il déclaré lui-même, en octobre de la première année du harcèlement : « Oui, quand il y a des mécontents, je le dis toujours » ?

À son départ en retraite, Philippe Z., le prédécesseur de Monsieur C., nous avait dit qu'on n'avait pas idée du nombre de lettres et d'appels téléphoniques qu'un chef d'établissement pouvait recevoir, et que son rôle était de faire barrage. C'est pour cela que la réponse du proviseur m'avait étonnée.

Et la dernière phrase du courrier est magnifique, c'est pour me « permettre d'exercer [mon] enseignement le plus sereinement possible, [qu'il a] pris la décision de ne pas accéder à [ma] demande. » Ou comment rajouter humiliation et mépris à une sanction injuste.

Comme je l'ai indiqué, j'ai requis du proviseur qu'il transmette ma demande d'inspection par voie hiérarchique. J'ai moi-même également adressé à l'inspectrice une demande officielle, en joignant quelques pages qui résument ma situation de harcèlement. C'est un résumé des quelques premières pages de ce livre – quand je n'avais encore pour projet que d'écrire un petit dossier, pour fixer les dates et ne rien oublier. En tout état de cause, en juillet de la deuxième année, l'inspection est officiellement informée de ce harcèlement.

Notre inspectrice pédagogique régionale ne manque jamais de rappeler dans ses courriers ou lors de formations qu'il ne faut pas hésiter à l'informer de tout ce qui peut nous poser problème. Et lors d'un stage sur l'étude de texte, en mars de cette même année, je l'avais déjà rapidement informée de ce que je subissais. Elle m'avait dit prendre note.

TROISIÈME ANNÉE

Le 1er septembre de la troisième année, lors de l'apéritif de la pré-rentrée, le proviseur me voit bavarder avec Christine U., la nouvelle collègue qui a accepté la Terminale littéraire. Il vient trinquer, et me souhaiter « une bonne rentrée » ! Je le regarde dans les yeux, et je m'entends lui répondre de même. Son arrogance est sidérante. Mais je sais que j'écrirai tout cela.

J'ai de nouveau cinq classes à examen, entre 34 et 36 élèves. Je suis la seule dans tout le lycée. Je ne sais pas comment je vais m'en sortir en termes d'organisation et de correction. Et comme si cela ne suffisait pas, je suis désignée pour corriger les épreuves écrites et faire passer les oraux de rattrapage de la session de septembre du bac. « Tu dois pas être si mauvaise que ça ! » me dit mon collègue Thomas P. pour me taquiner.

En fait, je me dis que je fais la rentrée, et que je verrai si j'ai la force de continuer. J'attends la visite de l'inspectrice. Je n'ai pas eu de réponse et je me dis que si elle n'est toujours pas venue à la Toussaint, c'est qu'elle ne veut pas me soutenir. Pourtant, elle est la seule à pouvoir me rétablir dans ma confiance, et mon autorité.

La rentrée se passe bien, mais certains matins, qui suivent des nuits sans sommeil, je dois puiser dans mes forces pour me préparer et partir au lycée. J'ai récupéré un ouvrage sur le harcèlement moral au travail. J'en commence la lecture mais c'est au-dessus de mes forces. C'est le livre d'une psychanalyste philosophe qui m'aide à tenir. Et je lui écris pour lui demander un rendez-vous à Paris. Après deux ans de souffrance, c'est la seule perspective positive qui me permette de conférer une miette de sens à toute cette affaire. Elle accepte de me recevoir. Son accueil et son écoute m'honorent. Je commence avec elle un travail psychanalytique.

Le 18 septembre, Louis M., proviseur adjoint parti précipitamment en juillet, revient pour un pot de départ. C'est un bon vivant, ouvert et dynamique. Je lui demande s'il sait quelque chose que j'ignore. J'espère que, maintenant qu'il est parti, il pourra m'apporter quelques éclaircissements. Peut-être au moins me rassurer sur mes compétences ? « Non, me répond-il, j'étais à la section d'enseignement professionnel, souvenez-vous. » Je reste déçue. C'est quelqu'un qui m'avait dit avoir voulu être proviseur pour faire changer un peu les choses... À petits pas, sans doute, et seulement quand la justice ne le dispute pas à l'esprit de corps !

Dès que je demande de l'aide, ou seulement du soutien, je découvre, au mieux, une immense lâcheté, au pire, de l'agressivité. Et chaque réponse m'isole un peu plus, m'exclut d'un rapport normal au monde, m'interdit de sortir d'une vaine quête de sens. Comme si chacun, par son refus, reproduisait la tentative d'isolement et réalisait effectivement cet isolement, cette désagrégation de la solidarité qui est à la fois la condition et la conséquence du harcèlement.

Le 29 septembre, le lycée fête les trente ans du centre d'accueil des élèves en situation de handicap : c'est l'occasion de revoir d'anciens élèves en situation de handicap. L'autre ancienne proviseure-adjointe est là aussi, Florence M. Je n'ai pas spécialement prévu de lui parler, mais c'est elle qui va me dire des choses, à mots couverts.

« Comment va la philosophie ?

— Elle est punie.

— Tu ne m'apprends rien. Je t'en dirai plus dans deux ans [c'est-à-dire quand le proviseur sera parti en retraite]. D'ici là, tu n'auras aucune classe littéraire, c'est certain. Mais il ne faut pas te mettre "la rate au court-bouillon pour ça" ! »

Elle tutoie les profs, parfois. Elle utilise les mêmes mots que Philippe Z., l'ancien proviseur. « Tu n'as pas idée du nombre de parents qui appellent ou écrivent pour se plaindre des enseignants. » Je demande s'il y a des saloperies dans mon dossier, parce que le jour approche où je pourrai le consulter. Et j'avoue que je redoute vivement ce moment. « Mais non, pas du tout ! »

« Tu devrais changer de lycée. Il faut se remettre en question, parfois. C'est bien de voir de nouvelles façons de travailler... » Ah oui, je subis du harcèlement moral depuis deux ans, et tu trouves que je ne me remets pas en question... ?

Pourquoi ces pseudo-confidences ? Elle a peut-être des silences à se faire pardonner. Elle est peut-être plus sensible que d'autres à ma souffrance, à l'injustice de ma situation ? Un jour j'avais donné quelques exercices de méthodologie pour sa fille, élève dans un autre lycée et qui peinait à problématiser un sujet de philosophie. Les exercices avaient beaucoup aidé, m'avait-elle dit. Peut-être rien que le sentiment d'une petite dette. En tout cas, je la remercie ici.

En septembre de la troisième année, j'appelle la MAIF, l'assurance des professeurs, pour demander un conseil juridique. Une femme me renvoie vers l'Autonome de solidarité, non sans m'avoir répondu avec beaucoup d'agressivité qu'il faut être sûr de soi quand on accuse…

J'appelle ladite Autonome – l'assurance qui défend et soutient les professeurs –, ou plutôt je la rappelle, parce que je l'avais déjà contactée, dès décembre de la première année. Mais le responsable n'avait pas donné suite, et je n'avais pas souhaité adhérer de nouveau. Je le recontacte donc. La secrétaire d'abord, elle aussi très agressive : on croit parfois que c'est du harcèlement alors que ce n'est pas le cas… J'envoie un résumé. Pas de réaction. Je téléphone de nouveau, ils ne l'ont pas reçu. Je le renvoie. J'appelle deux fois encore, on promet de me recontacter. La dernière fois, entre deux considérations agressives, le responsable est plus préoccupé par ma cotisation que par mon témoignage, ou la première absence de réaction. Ce sera en effet la dernière fois.

Je me doute bien que mon discours dérange, mais quand c'est l'assurance spécialisée dans la défense des enseignants qui transforme la victime en coupable… Encore un obstacle à dépasser pour moi, encore une injustice, encore de l'isolement.

Je n'ai pas sollicité le soutien des instances rectorales de l'Éducation nationale. Il y a une chose que l'on apprend vite quand on débute, c'est que si on se plaint, si on demande de l'aide, ou seulement si on évoque un problème, on se fait accuser d'être à l'origine dudit problème. Tous les professeurs s'auto-censurent plus ou moins, et intègrent la fameuse injonction : « Pas de vagues ! » Même entre collègues, on n'échange pas toujours sur ses difficultés. Et certains préfèrent mentir que reconnaître que la classe n'est pas facile.

Chaque enseignant a un dossier dans son établissement et un au rectorat. Une loi a dû être promulguée pour que l'intéressé puisse y accéder, et il suffit maintenant de le demander officiellement. Je redoute d'y trouver des documents douloureux, mais il faut que je sache.

Le 3 octobre de la troisième année, Maria V., syndicaliste, m'accompagne. Or, il n'y a rien dans mon dossier du lycée. J'entends : rien d'autre que des documents administratifs. Pas de courrier de parents ou d'élèves, pas de note plus ou moins confidentielle que les proviseurs se transmettraient… C'est d'ailleurs ce que vient curieusement confirmer le proviseur, qui arrive dans la petite salle où nous tournons fébrilement les pages. Il explique qu'il y a « toute [ma] carrière, mais rien de personnel ». Non sans ajouter qu'il a, lui, des courriers qu'il garde et qu'il ne peut montrer parce que c'est à lui qu'ils ont été adressés… « Mais pas de boîte noire. » Je réponds : « Si, quand même ! » « Non, non. D'ailleurs, j'en ai détruit certains. » Pas d'explication. Seulement de la condescendance, du mépris, de la provocation, sur le ton de la bienveillance. C'est le privilège du chef. « Il parle sans élever la voix. Pourquoi élèverait-il la voix, quand d'un mot il peut provoquer tant d'angoisse ? Que répondre[1] ? » Et il ajoute : « Quand je mets des choses personnelles, signalement ou autre, j'en informe l'enseignant ! »

Je suis autorisée à consulter mon dossier rectoral le 8 novembre de cette troisième année. La secrétaire académique de F.O. m'accompagne à l'autre bout de la ville. Rien dedans non plus. Je dois signer une attestation de communication dudit dossier, et noter « R.A.S. ». « Arrive-t-il que des chefs d'établissement fassent remonter des documents "délicats" ou compromettants ? — Non, sauf dans de rares cas très graves. — Et si cela avait été mon cas, y aurais-je accès ? — Si c'était votre cas, vous le sauriez. »

Le 28 septembre, je reçois par le mail académique une demande de cours de soutien. Désirée R. est une élève en situation de handicap, qui a suivi mes cours de philosophie deux ou trois semaines l'année dernière, avant que ne soit prise la décision de préparer son bac en deux ans. Elle a toujours voulu continuer à suivre mes cours d'Éducation Morale et Civique, bien que rien

1. Simone Weil, *La Vie et la grève des ouvrières métallos*, 1936.

ne l'y oblige, cette matière n'étant pas évaluée au bac, et bien qu'elle soit très fatigable.

Cette année, elle prépare la suite de l'examen. C'est Edmond W. qui a sa classe en philosophie. Dans son mail, Désirée explique avec pudeur que c'est « compliqué ». Compliqué en général, mais aussi avec les élèves handicapés – lesquels demandent une attention particulière.

J'ai beaucoup d'affection pour elle, qui a des grosses difficultés, d'élocution entre autres, et qui s'investit énormément. Un jour, je l'avais trouvée en larmes, inconsolable, au sortir d'un devoir de Mathématiques. Et j'accepte de lui donner quelques cours.

Quand je la vois, elle m'explique que mon collègue Edmond fait cours sans s'occuper des élèves, et dans un bazar monstre. Rien qui ne me surprenne. Je l'encourage à se mettre devant, pour suivre le cours malgré tout, arguant qu'elle doit bien pouvoir y trouver des choses intéressantes. Et Désirée de répondre : « Encore faudrait-il entendre quelque chose, parce que entre ceux qui jouent aux cartes et ceux qui chantent, même dans une petite classe de 25… » Je savais tout cela déjà, par mon fils et d'autres élèves. Mais malgré tout, je suis sidérée. À la fois que cela puisse se passer et qu'il s'autorise alors à m'humilier !

Ce n'est pas juger un collègue qui m'intéresse ici. Mais deux remarques surgissent. Premièrement, c'est lui qui rappelle devant d'autres collègues et devant le proviseur que j'ai déjà eu des problèmes avec des parents. Et surtout, deuxièmement, c'est à lui que le proviseur confie la Terminale littéraire que je n'ai pas le droit d'avoir (la première année, et il l'aurait eu deux ans plus tard si la nouvelle collègue n'avait pas accepté de la prendre). Ce n'est évidemment pas dans l'intérêt des élèves qu'il le fait ! Le proviseur sait qu'Edmond ne tient pas ses classes, mais il me retire tout de même la L et la lui confie. Pourquoi ? À l'évidence, pas pour des raisons pédagogiques. Ai-je besoin de préciser qu'Edmond, bien qu'il soit responsable syndical, ne participe aucunement à la vie du lycée ? Il a un grand avantage sur moi, au vu du proviseur : il se tait…

Le 5 octobre, je devise avec dépit sur notre classement d'échelon, et donc notre salaire, avec une collègue de Physique avec qui j'ai souvent la TS1, et qui sait comment je travaille. Bien qu'elle ait deux ans de moins que moi, elle est « Hors-classe, échelon 5 ». Moi, je ne suis que « Classe normale, échelon 10 », ce qui représente une différence de 6 échelons, et de plusieurs centaines d'euros mensuels. « Oui, mais moi, je suis mauvaise prof », dis-je en plaisantant. Elle s'étonne de mes propos, et quand je lui apprends que je suis privée de TL, elle me dit spontanément : « Oui, mais si tu la fermais, aussi ! »

Le vendredi, veille des vacances de la Toussaint, les anciens élèves viennent traditionnellement chercher leur diplôme officiel du baccalauréat et leur dossier. J'en profite pour leur demander d'écrire leur note sur une feuille récapitulative. Beaucoup de notes supérieures à la moyenne, une échelle qui va de 5 à 19. Comme tous les professeurs de philosophie !

Le 28 octobre de la troisième année, je reçois enfin une réponse de l'inspectrice. Elle me dit qu'elle a pris note de mon appel à l'aide et viendra « au plus tôt »…

Décidément, on en apprend tous les jours. Ce 17 novembre, je bavarde dans le bus avec Yves F., professeur de Mathématiques. Celui-là même qui m'avait confié avoir été, il y a deux ans, menacé de se voir retirer une classe s'il continuait d'exclure ponctuellement les élèves perturbateurs.

Il me raconte aujourd'hui que l'année dernière, dans une classe de Seconde, il avait été verbalement agressé en Conseil de classe par des parents en colère contre lui. Ils voulaient organiser une réunion, me dit Yves, pour lui expliquer comment enseigner les Mathématiques ! Les choses ne se sont pas passées du tout comme dans mon cas. D'abord, le nouveau proviseur adjoint a remis les parents à leur place en excluant que cette réunion ait lieu. Et, cette année, personne à l'administration ne s'est permis de remettre ses compétences pédagogiques en cause. Il a même deux terminales scientifiques : la TS2 et la TS5. Pourquoi, à moi, interdit-on la L ? Et pourquoi personne ne m'a-t-il défendue ?

En TS4 est scolarisé Benoît F., un élève malentendant. Quatre « interfaces » de l'Institut qui accueille les enfants sourds se relaient dans la semaine pour lui traduire mon cours. Un jour de la fin novembre, l'une d'elles me dit : « Tu sais qu'on va se battre pour venir à tes cours…

— Ah bon, qu'est-ce que tu veux dire ?

— Eh bien, comme ma collègue est enceinte, j'ai dit tout de suite que je voulais prendre son cours de deux heures du lundi. Parce qu'on adore venir à tes cours ! Mais ce n'est pas sûr. »

Je la remercie, émue. Je me souviens qu'une autre auxiliaire de vie m'avait déjà dit qu'elle aimait bien venir à mes cours. Au stade où j'en suis, la moindre remarque positive compte et me bouleverse.

Je compte parmi mes amies – et anciennes collègues – l'épouse d'un de mes anciens professeurs d'université, Monsieur Pierre M. Il sait mes ennuis, et vient me dire sa colère face à tant d'injustice. Son soutien me touche aussi beaucoup, et je l'en remercie.

Le 5 décembre a lieu le Conseil de classe des TS4. Les délégués des élèves disent que tout va bien, sauf en physique, parce que « vous êtes trop froide », affirment-ils en s'adressant à l'intéressée. Ils commencent à développer. Le proviseur laisse faire les élèves, et laisse la collègue répondre. Elle se dit étonnée, parce qu'ils ne lui en ont pas parlé après l'heure de vie de classe. C'est moi qui, devant une quinzaine de personnes, suis obligée de dire que le Conseil de classe n'est pas le lieu de ces critiques. Et seulement après le proviseur s'adresse aux élèves, très sèchement : « Je suis surpris que, en classe de Terminale, vous fassiez encore des remarques comme ça. » J'ai noté cette phrase aussitôt, pour être sûre de ne pas la déformer. Preuve, s'il en était besoin, que c'est délibérément que le proviseur a laissé le père délégué et les élèves m'agresser, et m'a empêchée de répondre, lors du premier Conseil de la TL2, l'an passé. D'ailleurs, je le soupçonne de toujours laisser faire les élèves, avant de les reprendre, ou pas. Cela met l'enseignant en position délicate.

À plus de 51 ans, le rythme soutenu de cinq classes à examen m'est souvent difficile. J'ai l'impression que, de ma vie, je n'ai jamais fini une semaine en étant plus fatiguée que lors de ces périodes de Conseils de classe. Terminer certains jours à 20 h 30, quand on est au lycée depuis 7 h 40, avec deux fois une heure de trou, passée à faire des démarches et des photocopies, et une heure pour déjeuner, c'est dur.

Pourquoi est-ce si difficile, alors que nous avons tous à peu près le même nombre d'heures à assurer ? D'abord, je ne suis « que » certifiée, et je dois trois heures de plus qu'un agrégé. Le nombre d'heures du service renseigne sur le nombre d'heures de cours. Ces heures ne sont pas les moins fatigantes : il faut parfois déployer des trésors d'énergie pour tenir une classe, et

« aller chercher » des élèves, mais ce sont les plus magiques – sauf cas réels, mais très rares, de classes méchantes. À côté, il y a les heures interminables de corrections de copies – épaisses, en philosophie –, de Conseils de classe, de remplissage de bulletins, chaque trimestre, de dossiers, chaque mois de mars, de livrets, chaque mois de juin… À côté, il y a les corrigés à faire, pour ne pas donner un sujet de devoir ou d'exercice à une classe quand celle d'à côté a déjà eu le corrigé.

Il y a aussi tout un travail d'organisation, tout au long de l'année. Ce n'est pas seulement le nombre d'heures devant élèves qui compte, c'est davantage le nombre d'élèves, et le nombre de classes. Je l'ai déjà dit, cette année, j'ai cinq classes et plus de 160 élèves. Christine, ma nouvelle collègue, a deux classes et environ soixante élèves[1]. Et des classes à gros horaire, et gros coefficient, donc des classes motivées. Moi, j'ai les classes au plus petit horaire, et plus petit coefficient… Et, bien sûr, guère de reconnaissance de la part des élèves, pas de prime de professeur principale. C'est cela, ma mise au placard. Trois fois plus de

1. Sur les trois dernières années de la série littéraire, je n'aurai qu'une classe, à gros effectif. Ma collègue en aura deux, une à 25 et une à 18 élèves. Sans toutes ces manœuvres, cela aurait dû être le contraire.

travail, plus ingrat, et pour un salaire moindre. Aucun enseignant, aucun chef d'établissement ne saurait l'ignorer.

Fin décembre, je contacte Claude A., professeur en Classes préparatoires, que j'admire beaucoup et en qui j'ai confiance. Il me conforte dans l'idée que l'inspection doit prendre ses responsabilités dans cette affaire. Il me décrit une inspectrice plutôt hésitante dans les situations de conflit. Mais il me propose de lui rappeler ma demande d'inspection, lors d'un prochain contact. J'accepte, en précisant que je ne veux pas qu'il s'expose en intervenant dans ce dossier.

Au cours de la discussion, il m'encourage à passer l'agrégation. Je me suis inscrite en effet. Mais c'est un concours terriblement sélectif. En philosophie, on compte 4,59 % d'élus… Et parmi eux, peu de filles de routier.

Il évoque avec tact l'éventualité d'une demande de changement de lycée. J'avoue y avoir pensé de nombreuses fois. En fait, je crois que c'était le but de l'opération, de la part du proviseur. Mais je ne me vois pas arriver dans un lycée en expliquant au chef d'établissement que les propos qu'il aurait entendus me concernant ne seraient que l'effet d'une vilaine machination...

Son engagement, son écoute attentive et bienveillante me touchent. À aucun moment, il n'a douté du caractère injuste de cette cabale. À aucun moment, il n'a émis l'idée qu'il y avait peut-être un peu de vrai dans ces rumeurs d'incompétence. C'est primordial dans ce genre de situation. Qu'il en soit ici remercié.

Je prends aussi contact en décembre avec un avocat. Pour la première fois, et la seule, du reste, de toutes ces années, je peux évoquer cette affaire sans que l'émotion ne me submerge. Il m'encourage à porter plainte. L'affaire est digne d'être plaidée, car maintenant, la charge de la preuve n'incombe plus à la victime du harcèlement, mais à l'accusé. Mais il tient à me prévenir : il prend un forfait de 3 000 euros, la Cour administrative est « pingre », et il ne faut pas espérer gagner plus de 5 000 euros. Il va de soi que je ne fais pas ces démarches pour m'enrichir, mais face à un salaire d'enseignant, je ne trouve pas, sur l'instant, que cela soit si dérisoire !

J'hésite néanmoins, pour plusieurs raisons. Porter plainte n'est jamais chose légère, *a fortiori* pour harcèlement moral, et contre son supérieur.

C'est s'engager dans une procédure longue – deux ans minimum –, lourde et difficile. Par ailleurs, s'il était condamné, ce serait l'État qui devrait s'acquitter du versement ! Le proviseur déclaré coupable n'aurait pas un centime à verser, ce seraient les contribuables qui devraient s'en acquitter ! Encore une fois, la Loi favorise les intérêts des puissants. Je n'imagine pas un instant que les Français, dont des pauvres gens, puissent payer pour que je reçoive cette indemnité. Et puis, le syndicat des chefs d'établissement est très puissant. Rien n'est moins sûr que l'issue du procès. C'est d'une grande banalité, la Justice comme institution ne rend pas toujours la justice. Et l'avocat ne me le cache pas : il s'agirait de demander à la Cour administrative d'être objective pour reconnaître le manquement… d'un administratif.

L'avocat me laisse réfléchir et doit me recontacter. Il ne le fait pas. Je garde cette possibilité sous le coude.

Que le procès ne soit pas gagné d'avance, malgré tous ces manquements à l'exigence de défense et de protection du fonctionnaire, couchée dans l'article 11 de la Loi du 13 juillet 1983, c'est aussi ce que m'explique un vieux de la vieille de Force ouvrière.

Face à toutes ces pratiques inacceptables, j'ai en effet décidé de me (re-)syndiquer. J'étais au SNES en début de carrière, et j'avais mis fin à mes cotisations, écœurée par des pratiques de cogestion entre le syndicat et le proviseur d'un lycée qui faisait du harcèlement moral sa méthode de direction de l'établissement. Décidément…

Il s'agit de Maria V., de F.O., qui est la collègue la plus active à cette époque, et elle a assisté à un Conseil de classe avec la fameuse TL. Elle m'accompagne à quelques entrevues avec le proviseur. Mais elle ne dit rien – c'est peut-être ainsi que cela doit se passer ? –, même quand il outrepasse manifestement ses droits. Elle ne fait jamais non plus le compte-rendu que je lui réclame à grands cris. Et quand le syndicat l'exige, elle bâcle un texte sans queue ni tête. Elle m'encourage à continuer quand je dis que je vais m'arrêter, que je n'en peux plus.

Du coup, je retrouve la responsable académique de Force ouvrière. Je veux ici la remercier de son soutien. Elle est jeune, jolie, et trouve le sens de sa vie dans l'action syndicale. Elle ne doute pas de mon discours. La question se pose de la stratégie d'action. Elle veut demander un entretien au proviseur pour le prévenir que les instances syndicales le surveillent. Cela ne me convient pas : je redoute qu'il me confie une TL officiellement pour cesser les hostilités, et qu'il retourne la situation à son avantage, en créant de nouveau les conditions d'un échec.

Fin décembre, elle me fait rencontrer un retraité qui a des années de syndicalisme à son actif. « On ne peut pas débarquer comme ça chez le proviseur et jouer les gros bras », me dit-il d'emblée. Je lui parle d'une action juridique, qu'il me déconseille vivement. « On vient d'avoir un cas, avec des manœuvres bien plus graves que ça, et la collègue a perdu son procès. Elle est ravagée ! »

Je le revois fin janvier, lors de la journée annuelle de validation des comptes et des projets. « C'est en cours », me dit-il quand je vais lui demander s'il se souvient de moi. Ce jour-là, je fais la connaissance d'Hélène, une élue du Comité hygiène et sécurité, une aide-labo qui travaille dans le lycée de mon mari. Je craque et elle est d'un grand réconfort, elle écoute avec une telle générosité. Je la remercie, nous échangeons nos mails, mais rien n'a lieu non plus.

MARS DE LA DERNIÈRE ANNÉE

« Être inspectrice générale, c'était d'abord aider les professeurs et les défendre (nous savons tous en effet que trop souvent l'administration locale ou ministérielle fait tout pour nous rendre l'enseignement impossible)[1]. »

Enfin, en mars, l'inspectrice m'annonce une visite, neuf mois après ma demande de protection urgente. Elle vient inspecter Stéphane, le stagiaire d'Edmond W., et veut faire d'une pierre deux coups.

1. Jean-Michel Muglioni, « Hommage à Christiane Menasseyre », in *L'Enseignement philosophique*, revue de l'Association des professeurs de philosophie de l'enseignement public, 70e année, n° 2, novembre 2019-janvier 2020, page 107.

Ou plutôt trois : en fait, elle avait aussi prévu d'inspecter Edmond. Pourquoi ? Je l'ignore. Tensions au sein du groupe de conseillers pédagogiques qu'elle dirige, ou plaintes de parents d'élèves ? Elle a sûrement ses raisons, il est à un an de la retraite… Mais il refuse l'inspection et décide de se mettre en grève !

En ce qui me concerne, cette visite est très importante. Dans ma situation, seule l'inspectrice peut me rétablir dans la légitimité de mon enseignement. Elle est ma supérieure hiérarchique pour ce qui est de la philosophie et de la pédagogie. C'est elle, et elle seule, qui, institutionnellement, peut dire, ou plutôt redire vingt-quatre ans après mon succès au concours, que je suis compétente. Toutes les autres portes se sont fermées.

C'est très infantilisant de se faire inspecter. On n'est jamais détendu. Mais, même si je ne vais pas bien, je ne suis pas très inquiète quant à son évaluation de mes compétences. Je connais maintenant la cause des rumeurs. Et dans cette affaire, elle est peut-être la seule à n'avoir aucun intérêt personnel en jeu.

Je traite le thème de la technique et je choisis de présenter une analyse d'un texte de Platon sur le mythe de Prométhée, un texte classique extrait du *Protagoras*. J'aime bien le personnage, qui protège les hommes, faibles, des abus des dieux, puissants, jusqu'à la torture imposée par Zeus.

Brigitte M., l'inspectrice, est sûre d'elle, le verbe posé, consciente de son pouvoir. Elle me propose un entretien en deux temps : immédiatement concernant le cours, puis après l'inspection de Stéphane. Un quart d'heure sera consacré à mes problèmes de harcèlement. Elle a donc bien ces questions en tête, je lui avais envoyé un résumé de ma situation lors de ma demande officielle.

Elle commence par préciser qu'elle a beaucoup de choses à dire et qu'il lui faut aller à l'essentiel. Mais elle passe quinze bonnes minutes à vanter le P.P.C.R.[1], réforme très controversée qui transfère une grande partie du pouvoir de notation des enseignants de l'inspecteur au proviseur… et qui ne me concerne pas vraiment parce qu'il situe les inspections en début de carrière !

Puisqu'elle souhaite s'entretenir avec moi en termes de carrière, j'évoque mon retard de

1. Parcours professionnel carrières et rémunérations.

promotion, le fait qu'on m'ait dit souvent, au début de mon parcours : « On ne peut pas vous augmenter, vous êtes titulaire académique, et vous ne restez qu'un an dans le lycée »... Je dois insister pour lui raconter le « Je vais vous augmenter de 0,1 point pour le bébé » du proviseur d'un autre lycée qui m'expliquait qu'il ne me connaissait pas puisque j'étais partie en congé de maternité, et auprès de qui je m'étais étonnée de voir ma notation stagner encore. « C'était de l'humour ! » me dit l'inspectrice. Façon impudique de désigner – et de réitérer – le mépris. Elle m'explique que la notation administrative compte pour si peu (40 % avant la réforme... une broutille !), que c'est la notation pédagogique qui importe. Sous-entendu : si vous êtes moins payée que vos collègues, c'est que vos cours sont moins bons !

Brigitte M. m'encourage à passer l'agrégation. Je lui fais remarquer qu'il est impossible de la préparer sérieusement quand on a cinq Terminales. Eh bien, si ! Elle connaît des enseignants qui sont dans des situations bien pires, et qui la préparent... Je n'ai pas consulté le site du ministère depuis un petit moment, et je ne sais pas encore que j'ai obtenu des notes encourageantes. Peut-être le sait-elle ?

Juste après, viennent les compliments : une réelle assise philosophique, un souci de très bien faire – mais est-ce vraiment un compliment ?

Arrivent les critiques, en particulier sur des détails, pour leur donner une importance négative considérable[1].

En début d'année j'avais travaillé avec les élèves : « On entend souvent dire "À chacun sa vérité". Qu'en pensez-vous ? » J'explique que ce sujet me permet de battre en brèche le relativisme

1. L'analyse du texte de Platon lui apparaît trop détaillée. Et reproche m'est fait par deux fois de ne pas avoir tenu compte des conseils identiques de son prédécesseur. La deuxième fois, je précise que ce n'est pas cela qui m'avait été reproché. « Si ! — Non, il m'avait dit que mon plan était trop détaillé, avant l'explication. Aujourd'hui, je n'ai pas même présenté de plan ! » Pas de réponse.

Pendant l'entretien, Brigitte M. m'interroge sur la suite que j'entends donner au cours auquel elle a assisté. Dans ma réponse, je confonds deux classes et j'annonce que je vais faire bientôt quelque chose qu'elle a déjà vu dans un cahier d'élève – puisqu'il est de coutume qu'un élève confie son cahier pour que soit jugée la progression des mois précédents. Rien de bien grave : si j'avais voulu par erreur refaire ce paragraphe, les élèves m'auraient détrompée. Rien de culpabilisant : avec cinq Terminales, il ne me paraît pas scandaleux de ne plus savoir si on a dit telle chose quatre fois ou cinq fois… Mais pour l'inspectrice, c'est très grave, et elle insiste lourdement sur la confusion. Elle va même jusqu'à la coucher sur le rapport, de façon très indélicate. Elle est vraiment venue pour m'enfoncer, et tout est bon, au-delà de toute réserve, peut-être même de toute décence.

ambiant. Cette notion, c'est l'idée selon laquelle il n'y a pas de vérité, tous les points de vue se valent. Et je vois trop souvent les élèves considérer que personne n'a raison ou tort, parce que « ça dépend ». Que n'avais-je pas dit là ! Oubliant la liberté philosophique de l'enseignant, qui fait partie de ses statuts, l'inspectrice m'explique que le relativisme a ses fondements philosophiques. En tout cas, quand il s'agit d'écraser un professeur, son relativisme n'a plus cours. J'ignore si elle pensait précisément à Nietzsche en prononçant ses mots. Mais je crois qu'il aurait désespéré de cette attitude conformiste, lâche et culpabilisante. Et qu'il aurait écrit sur la décadence des dirigeants de l'Éducation nationale !

L'inspectrice critique aussi le nombre de devoirs que je donne aux élèves. Je lui rappelle que je suis la seule dans le lycée à avoir cinq classes de Terminale, entre 33 et 36 élèves par classe. Je m'appuie sur les Recommandations de l'inspection générale[1], mais « c'est factuel », me dit-elle. Je lui montre mes feuilles remplies de contrôle

1. Recommandations du groupe de philosophie concernant le travail dans les classes de Philosophie, Inspection générale de l'Éducation nationale, 1er janvier 2016. « Quand sa charge de cours excède quatre classes, le professeur peut alléger les annotations liées à la correction. »

des exercices faits à la maison. Elle veut que je donne plus de devoirs, mais que je ne ramasse que cinq copies à chaque fois[1]. Admettons ! Je ne trouve pas que l'idée soit si bonne, mais je ne veux pas discutailler ce point.

Elle me reproche aussi d'avoir écrit des mots en grec au tableau, « comme si [je voulais] en faire des philosophes ». Mais les scientifiques qu'ils sont connaissent presque toutes les lettres, et les médecins qu'ils seront peut-être ont beaucoup à gagner à la connaissance du grec. Elle ne répond qu'un « Vous croyez ? » sincèrement étonné… Avec le recul, cela me paraît à la fois fondamental et dérisoire. Comment me reprocher de donner accès à la culture ? Et cela est-il si déterminant de la qualité de mon cours ? C'est à cela que se résument ses critiques pédagogiques ?

J'accompagne l'inspectrice à travers les bâtiments jusqu'à la salle de Stéphane, le stagiaire. Nous devisons sur la taille de l'établissement… J'explique qu'il a su rester humain malgré

1. Deux ans plus tard, elle reprend cette idée lors d'un stage sur la réforme. Elle sait que cela ne sera pas accepté : « Vous allez avoir des demandes des élèves, des parents, mais c'est vous l'expert ! Ils râleront, bah oui, mais c'est vous qui savez ! » Sans doute qu'en mars de la troisième année je ne mérite pas qu'elle me considère comme une experte !

l'accueil de 1 980 élèves. Je dis « mon lycée ». Elle me le reprochera peu après.

La deuxième partie de l'entretien touche à mes problèmes de harcèlement. Or, cette femme qu'on m'avait décrite comme hésitante dans les conflits est aujourd'hui clairement venue soutenir le proviseur. Elle l'a rencontré avant moi et vient comme un petit soldat accomplir sa mission de sape. À aucun moment elle ne souhaite même entendre ma version.

« Vous semblez ignorer, me dit-elle d'emblée, ce que c'est que piloter un lycée. »

Brigitte M. me reproche toute l'interprétation que je fais de ces problèmes, une espèce de vision complotiste de ce qu'il m'arrive. Je n'ose la contredire, mais, en l'occurrence, je n'ai jamais dit ni écrit cela, je me méfie trop de l'emploi de ce mot. Je l'aurais détrompée, si j'avais pensé que cela puisse figurer dans son rapport.

« Je trouve assez étonnant – elle s'interrompt pour rire – que vous preniez des notes de ce que je dis, comme si vous vouliez vous en servir contre moi ! » Je demande ce que moi, professeure certifiée, je pourrais faire ou vouloir faire contre l'inspectrice ! Elle évoque un manque de respect. Et je demande « si je dois dire tout le respect que j'ai pour [sa] fonction et [son] discours ». Il semble que le ton de ma question la trouble. J'ai pour les institutions et leurs représentants un respect quasi infantile, et je ne doute pas un seul instant que cela ne transparaisse.

En tout état de cause, elle n'hésitera pas à me reprocher par écrit, sur le rapport même, cette prise de notes du « second temps » de notre entretien. Elle m'y accusera aussi d'avoir prononcé « certaines paroles à [s]on égard » ! Sans être plus précise, bien sûr. Le tout, pour me rendre responsable de « l'incapacité dans laquelle [elle se trouve de me] conseiller, en dehors d'un principe de confiance réciproque » !

Comme j'ai tenté de répondre philosophiquement aux critiques de la partie pédagogique, cela m'est aussi reproché : « Vous n'avez cessé de remettre… » Je la prie de bien vouloir finir sa phrase, et c'est là que j'entends cette réponse… magnifique de la part de quelqu'un qui a quelque goût pour la philosophie : « S'il faut tout argumenter, c'est compliqué ! »

Elle me demande qui est le coordonnateur de l'équipe des professeurs de philosophie. C'est moi, personne d'autre ne veut l'être dans l'équipe, ni ne veut aller aux réunions du Conseil pédagogique. « Pourquoi continuez-vous, alors qu'on ne vous répond même pas quand vous écrivez à vos collègues ? » Ce n'est pas faux, mes collègues ne répondent pas toujours quand je leur écris, ce qui n'est pas très exceptionnel dans une équipe[1]. Mais je me demande intérieurement comment elle sait cela. Elle ira jusqu'à écrire sur le rapport officiel que je suis une coordonnatrice qui n'a pas de contact avec ses collègues ! « Mais personne ne le fera, si je ne le fais pas.

— Laissez donc tomber ! »

Je ne dis rien, mais je doute vivement qu'elle soit dans son rôle quand elle tient de tels propos.

« Si vous voulez vous engager, faites-le en dehors du lycée.

— Je le fais aussi, madame. »

Elle le sait, j'ai noté sur ma fiche de renseignements que je donnais des cours de français à des réfugiés.

« Il y a une telle tension en vous qu'on le ressent quand on échange avec vous. » Je demande si tout cela justifie qu'on me juge indigne de mener une

1. D'ailleurs, l'inspectrice elle-même se plaint souvent que les professeurs ne lisent pas ses mails…

Terminale littéraire au bac, et si on ne prend pas l'effet pour la cause.

« C'est compliqué de savoir aussi comment vous venir en aide. » L'inspectrice présente son refus de m'aider comme une incapacité à le faire, pour mieux m'en attribuer la responsabilité.

Elle remet en question jusqu'à ma personnalité. Je craque, j'ai honte, comme une petite fille qui regarde ses chaussures pour cacher les larmes qu'elle ne peut retenir.

« J'eusse aimé, me dit-elle pour prendre congé, que cela se passât autrement. »

Après son départ, je me presse de quitter cette salle, dès que mes yeux se sont un peu séchés, de peur que le proviseur ne débarque. Mais si je n'ai pas demandé à l'inspectrice de venir pour cela – le délai d'attente en est la preuve –, je lui ai déclaré que j'avais dorénavant un dossier de soixante-dix pages, prêt à être transmis à un tribunal administratif si des choses inacceptables se produisaient de nouveau. Tout laisse penser qu'elle a répété l'information.

Finalement, elle réussit le grand écart : son rapport dit ma compétence pour enseigner – sous-entendre le contraire serait mentir et conduirait à faire venir un inspecteur général, son supérieur, qui la dédirait, et remettrait en question sa propre compétence d'inspectrice pédagogique régionale. Mais le rapport soutient aussi le proviseur, dans son entreprise de destruction.

Quelques jours après, je m'enquiers de l'inspection de mon jeune collègue Stéphane. Il m'apprend que notre inspectrice souffle le chaud et le froid, en lui disant que sa validation ne pose pas de problème, mais qu'elle est en suspens à cause du retard qu'il connaît – que nous connaissons tous – à cette période de l'année. Et puis, il n'avait pas voulu m'inquiéter, mais il peut me dire maintenant des choses sur la façon dont se passe la formation des stagiaires. Quand quelqu'un avoue quelque difficulté, me raconte-t-il, elle retourne la question et culpabilise l'enseignant. Et « si on évoque des circonstances extérieures, c'est qu'on est soi-même le problème ». Bien curieuse façon d'aider les jeunes enseignants à entrer avec confiance dans un métier difficile et qui requiert tellement de force et de bienveillance.

J'avais cru, pourtant, lors d'un précédent stage, et dans ma grande naïveté, qu'on pouvait parler à notre inspectrice… En restant ferme sur les conseils qu'elle nous donnait, elle avait écouté nos remarques, compris apparemment nos inquiétudes... Et surtout, elle n'avait pas pris ce ton méprisant et humiliant qui résonne encore dans ma tête.

Un collègue de philosophie – très diplômé – d'un autre lycée me dit crûment : « Aujourd'hui, les inspecteurs sont choisis sur leurs capacités à se lover dans le moule, plus que pour leurs qualités intellectuelles. » C'est vrai qu'on est loin du temps de la digne bienveillance de Monsieur Gilles S., devenu inspecteur général. On détournait son patronyme en sobriquet affectueux.

Comme je l'ai dit, bien que j'aie très peu préparé l'agrégation cette année, j'ai obtenu des notes encourageantes : 8 et 9 pour une admissibilité à 11. C'est véritablement ce qui m'aide à reprendre pied, et à me réconcilier avec moi-même. J'avais beau savoir maintenant ce qu'il s'était passé et pourquoi cela s'était passé, j'allais toujours très mal. Avec ces notes correctes, je dispose maintenant d'un appui pour refaire surface. D'abord parce que c'est l'institution de l'Éducation nationale qui dit la qualité de mon travail – même si on pourrait gloser sur le lien entre les concours et la réalité du travail d'enseignant. Ensuite parce que cela me donne un projet : j'ai toujours pensé, sans même le formuler, que l'agrégation, « c'était pas pour moi ». Et voici que le succès à ce très difficile concours donnerait du sens à toutes ces souffrances. Si je pouvais décrocher l'agrégation, je n'aurais pas souffert pour rien. Je sais que la route sera longue, mais j'entrevois la sortie du tunnel.

Le proviseur m'a convoquée pour un entretien post-inspection. J'ai rendez-vous à 10 heures. J'ai demandé à Jean O., professeur de Mathématiques, membre du Conseil d'administration, de m'accompagner. En fait, il me l'a spontanément proposé quand je me suis renseignée sur la possibilité d'échapper à cet entretien. « C'est toujours possible, mais peut-être pas souhaitable. »

« Comme vous souhaitez être accompagnée, j'ai demandé à une proviseure-adjointe d'être présente aussi, si cela ne vous pose pas problème », commence le proviseur. Cela me gêne d'autant moins que je fais partie de ceux qui pensent qu'elle est moins indifférente que les autres chefs ou adjoints.

Il situe cet entretien dans la continuité de la rédaction du rapport de l'inspectrice, propose l'ordre du jour et requiert mon accord : le pédagogique, les choses que je lui reproche, et mon investissement dans l'établissement.

Il dit son incompétence en matière de pédagogie de la philosophie. C'est important parce que, avec la réforme du P.P.C.R., les chefs d'établissement sont appelés à remplacer en partie les inspecteurs. Il s'informe des résolutions que j'ai pu prendre suite à la visite de Brigitte M. Concernant les évaluations, je montre les textes du groupe philosophie de l'Inspection générale, les feuilles couvertes de résultats d'élèves, et j'explique accepter de suivre les conseils qui me sont donnés dans le rapport, de donner plus d'exercices de type bac en ne ramassant pas toutes les copies, en précisant bien que je n'ai jamais travaillé à l'économie.

Puis vient le tour de ce que je lui reproche. Il y a deux expressions qui l'ont heurté dans le rapport : complot et harcèlement moral. Sur le mot « complot », je mets fin à la polémique immédiatement. Brigitte M., en effet, l'a employé en pensant traduire mes propos, j'aurais dû l'interrompre, je l'aurais fait si j'avais pressenti qu'il serait repris dans ledit rapport, mais c'est un mot que je n'ai pas utilisé, et un jugement que je ne porte pour ainsi dire jamais – le mot est trop lié à l'idée de théorie du complot.

Je propose de résumer rapidement les raisons qui m'ont poussée à parler de harcèlement moral. Il accepte, ce qui m'étonne à cause de la présence de la proviseure-adjointe. Mais il ne me déplaît pas qu'elle entende ma version. Rien de nouveau par rapport à tout ce que j'ai déjà dit et écrit. Il évoque les lettres de mécontentement, je cite toujours la même phrase : « Vous n'avez pas idée du nombre de courriers de parents mécontents qu'on reçoit, et le rôle du proviseur est d'y faire barrage. » L'adjointe acquiesce, précisément. C'est la seule remarque qu'elle fait.

Je m'attends à une dénégation formelle, peut-être même avec colère, concernant le harcèlement, de la part du proviseur. J'imagine un « c'est tout à fait faux » ou « vous n'avez pas le droit de penser cela ». Je redoute de me faire incendier. Mais ce n'est pas du tout ce que j'entends. Il exige en fait... que je m'engage à ne pas parler de cela en salle des profs ! Pas d'effort pour réfuter ce que je pense, mais le simple souci de son image ? Je le rassure tout de suite, je ne m'étale pas en salle des profs, où le nombre important de collègues, d'une part, et le succès de sa stratégie d'isolement, d'autre part, font qu'on n'y trouve pas que des oreilles bienveillantes. Ma réponse lui convient… J'en reste tout de même sidérée.

C'est alors qu'il se dit prêt à me confier une classe de Terminale littéraire, si je m'engage à suivre les conseils de l'inspectrice. Je m'y suis déjà engagée… Nous nous quittons rapidement.

Quelques jours plus tard, ma collègue Christine U. m'informe que nos deux autres collègues, Edmond et Thomas, sont allés voir le proviseur pour lui dire qu'il serait bien que j'aie une Terminale littéraire à la rentrée. Il ne s'y opposerait pas. Et que si des problèmes apparaissaient, ils seraient prêts à m'aider ! Cette démarche m'étonne : un sentiment de culpabilité serait-il apparu chez les collègues qui n'ont rien fait pour me soutenir ? Chez celui qui a profité de l'occasion pour m'enfoncer ? Chez ceux qui ont profité de ma « mise au placard » pour récupérer les classes qui auraient dû me revenir ? Pourquoi n'avoir pas requis mon accord avant ce rendez-vous ? Pourquoi est-ce la collègue qui n'a pas fait cette démarche qui m'en informe ? Je n'insiste pas.

Dès le début du pré-Conseil d'enseignement, Edmond me rappelle cette démarche… avec fierté. Sans doute attend-il quelque signe de reconnaissance. Je l'interromps très vite, je le remercie, mais j'explique que je suis certaine que la vraie raison du revirement du proviseur tient dans la menace judiciaire.

Lors du Conseil d'enseignement de juin, le proviseur dit officiellement son accord pour que j'aie une Terminale littéraire.

QUATRIÈME ANNÉE

Ce sera donc Edmond et moi qui aurons les deux TL. Et pour la prochaine rentrée, j'ai décidé de régler quelques petits comptes. Puisqu'il s'est depuis longtemps installé dans l'idée que ses cours sont excellents et que les miens sont indignes, puisqu'il s'est permis d'afficher publiquement cette supériorité, j'ai décidé de mettre la comparaison à la portée de tous les élèves.

Depuis plusieurs années, comme je l'ai précisé, Thomas et Edmond échangent des classes en cours d'année, et les proviseurs encouragent cette pratique, à l'affût d'« innovations pédagogiques ». J'ai toujours refusé d'y participer, considérant que c'est mieux de bien connaître les élèves pour les aider. Et l'administration m'a plusieurs fois reproché cette rigidité. Pour mes collègues, il s'agit d'éviter le phénomène d'usure et de lassitude qui touche les élèves à mesure que l'année s'étire. Mais comme me l'a un jour fait remarquer Thomas : « Toi, tu ne connais pas ce phénomène ! — Ah non, pas du tout », avais-je répondu dans un élan du cœur. Et c'était vrai : il y a des classes que j'apprécie plus ou moins, et qui m'apprécient plus ou moins, mais pas d'usure.

Cette année, donc, j'accepte de faire cours aux élèves d'Edmond, et qu'il vienne faire cours aux miens, en série littéraire. Et on verra ce qu'on verra.

La proviseure-adjointe souligne que c'est « non pas difficile, mais compliqué ». Cela impose des contraintes à toutes les autres disciplines, d'aligner les emplois du temps de la philosophie sur deux classes. Elle propose de limiter l'échange à quatre heures. Je suis prête à accepter, mais Edmond est plus radical : c'est tout ou rien. Et on découvre à la rentrée que nos emplois du temps sont alignés, concernant ces classes.

Je m'aperçois vite que la Terminale littéraire qui m'est confiée n'est pas une classe de rêve. Un bon tiers connaît de gros problèmes autres que scolaires : élèves précoces, hyperactifs, père violent, parents malades, situations familiales difficiles, procès en cours pour des images des élèves mises par des prédateurs sur des sites pornographiques... Sans compter ceux qui refusent de travailler. Ce ne sont pas forcément ceux qui vivent des choses difficiles qui sont désagréables, mais il y en a qui ne sont pas agréables... Et pas moyen de s'appuyer sur les autres... D'autant que, sur les quatre délégués et suppléants, trois cultivent mauvais esprit ou insolence.

Plusieurs fois, je dois les recadrer. Mais j'ai appris de l'expérience passée, si malheureuse fût-elle. Je dis maintenant... exactement le contraire de ce que j'avais dit à la classe où courait la rumeur. Plus question de passer une heure à essayer de les convaincre qu'ils devraient me faire confiance. Maintenant, je dis deux choses. D'abord : « La prof, c'est moi. Si ça vous convient, c'est bien, si ça ne vous va pas, c'est pareil. » Et aussi : « Si vous ne me faites pas confiance, je ne peux rien pour vous. » Et j'ajoute : « Maintenant, on se met au travail. Un point c'est tout. »

Tous les élèves sont informés de cet échange de classes et ils sont d'accord. La curiosité est une qualité.

Mais, rapidement, un élève délégué de classe dont je me méfie m'invite à regarder quelque chose par le hublot de la salle de mon collègue, qui déborde parfois sur l'intercours. Il est vrai que je n'ai jamais pensé regarder. Et qu'y vois-je ? L'espace d'une seconde : un royal boxon, avec des élèves plus tournés les uns vers les autres que vers le professeur, certains qui jouent aux cartes, d'autres qui dorment, d'autres qui écrivent – ou jouent – sur leur téléphone. Et Edmond, qui fait cours, comme si de rien n'était.

D'autres fois, cet élève délégué dit à haute voix sur mon passage, toujours en regardant dans la salle de la Terminale L1 : « Si c'est pas une honte ! » Mais je me refuse à entrer dans ce jeu, et passe mon chemin.

Avec Edmond, nous sommes convenus d'échanger les classes à la rentrée de la Toussaint.

L'autre classe est curieuse de voir un autre spécimen de la collection « prof de philo ». Ils écoutent, mais aussi participent, interrogent, plus que « les miens ». Ils sont gentils, nonchalants, blasés peut-être. En tout cas, ils ne travaillent pas beaucoup, mais ils suivent le cours, majoritairement.

Première surprise : sur 30 élèves, 10 sont absents à 8 heures. J'apprends qu'ils sont en retard, et que c'est tous les matins la même chose quand c'est le cours de philosophie qui commence la journée. Edmond arrive à l'heure, mais il attend les élèves, dix ou quinze minutes. Pendant ce temps, il ne fait rien, et les élèves ponctuels... perdent du temps de travail. Pour ma part, je commence le cours dès la fin de l'appel. Les jours suivants, il y a peu de retardataires.

Deuxième surprise : ils n'éprouvent pas de colère à son encontre. Quand ils en parlent, c'est sur un ton moqueur certes, mais presque affectueux. Comme un vieux tonton qu'on supporte pour ne pas lui faire de peine, et qu'on laisse dégoiser ses salades. « C'est monsieur W., quoi ! »

Certains élèves ne suivent pas mon cours, et j'avoue que pour quinze jours ou un peu plus, je ne me sens pas prête à entrer en bataille. J'en déplace tout de même quelques-uns qui bavardent à l'excès. Une Lucie, que j'ai placée devant moi, se trouve tellement désœuvrée, loin de sa copine, qu'elle cale sa tête dans ses bras et s'endort. Juste sous mes yeux. Je me fâche, je m'attends à une réaction agressive, mais elle ne vient pas. La miss peste gentiment. À plusieurs reprises, il faudra que je la remotive, que je la recadre. Mais j'ai la cote, et je l'aime bien aussi. Certains élèves ont besoin – scolairement et affectivement – qu'on les porte à bout de bras. Évidemment, cela change de l'attitude de mon collègue qui ne se tracasse guère pour ses élèves. Je me souviens en particulier d'une Nina laissée seule dans le couloir, par terre, en pleine crise d'angoisse. Avec des élèves de ma TL nous nous étions occupés d'elle. Le temps que l'infirmière arrive, j'avais prévenu Edmond, pour qu'il ne la notifie pas absente, au moins, et parce qu'il était son professeur principal. « Oh, c'est fréquent, on ne sait pas où sont ses parents, son père en Amérique, peut-être », et il avait refermé la porte…

L'expérience d'échange de classes se passe bien, et c'est à regret que je vois l'échéance arriver. Je propose aux élèves de recommencer d'ici quelques mois.

Je récupère donc « les miens ». Je ne veux pas faire mon enquête sur le cours d'Edmond. Je demande seulement s'ils souhaitent répéter l'expérience. Tous me disent que non, « ça suffit comme ça ! Ses cours sont pas clairs, qu'on comprend rien ».

Pour moi, c'est un succès : je retrouve « ma classe » incomparablement mieux disposée à mon égard. Mission accomplie. J'aurais dû demander cet échange plus tôt. Et surtout l'année de la rumeur…

Quelques mois plus tard, je vais voir Edmond et lui propose un nouvel échange. D'autant que la proviseure-adjointe nous a dit qu'elle ne faisait pas un tel arrangement pour un seul échange de trois semaines – ce qui est tout à fait compréhensible. Il me répond qu'il vient de commencer l'étude d'une œuvre, que ceci, cela… et qu'on verrait « dans un mois ». Même discours, un mois plus tard… Il ne souhaite pas manifestement recommencer. Mais ses élèves, quand ils viennent attendre les miens à la porte de ma salle, demandent : « Madame, quand est-ce que vous revenez ? »

La quatrième année se passe normalement, avec ses cours faciles et ses mises au point, ses élèves sympas, ses enfants gâtés ou écorchés, ses confidences et ses insultes. À peine quelques tensions avec le proviseur.

J'ai fait deux fois un courrier pour demander des crédits permettant de financer une visite guidée des élèves (on dit « médiation » maintenant) au musée d'Arts de Nantes. À chaque fois la lettre s'est perdue. Dans le secrétariat, dans le bureau du proviseur ? Aucune idée.

Une autre fois je découvre un dossier de voyage à Paris près de la photocopieuse. Il concerne une de mes classes. Quand je le découvre, tout le monde est déjà à Paris. Sauf que la documentaliste et moi-même avions organisé, deux jours plus tard, un petit atelier des Amis du *Monde diplomatique* sur les *fake news*. N'ont reçu de courrier de l'administration les informant de l'absence des élèves que les enseignants… qui participent au voyage : c'est-à-dire ceux qui sont déjà au courant ! Je vais expliquer le problème à la secrétaire, qui est nouvellement arrivée. Mais je ne veux pas lui adresser de reproches devant le proviseur. Comme la porte entre leurs deux bureaux est ouverte, je la ferme, après avoir salué Monsieur C. Et je commence à situer le problème. Quelques dizaines de secondes après, donc non sans avoir réfléchi, le proviseur rouvre la porte et me reproche de l'avoir fermée sans lui en demander l'autorisation. Je lui explique que je n'ai rien à lui cacher, que je désirais seulement la protéger. Il ne me laisse pas parler. Je lui parle encore qu'il me ferme quasiment la porte au nez. Je me sens comme une enfant grondée.

En tout cas, l'incident me convainc qu'il est à l'affût du moindre faux pas de ma part. Et que j'ai raison de me méfier. Il y a longtemps par exemple que je ne m'autorise plus à regarder ma boîte mail personnelle au lycée, même sur l'heure du déjeuner. Et le départ en retraite qu'il avait pourtant annoncé en début d'année semble différé.

Le lycée ferme le 12 juillet. La veille au soir, chaque professeur reçoit ses états de service, c'est-à-dire la liste des classes qui lui seront confiées. Un envoi tardif, qui limite *de facto* les demandes de changement ou d'ajustement.

Je découvre que l'heure d'EMC (Éducation Morale et Civique) ne m'est pas attribuée dans la classe de Terminale sciences et techniques sanitaires et sociales. Je signale poliment l'oubli à la proviseure-adjointe, elle me répond que ce sont les profs de ST2S qui se la sont vu attribuer. Sauf que, en fait, cette heure faisait partie du tableau des heures attribuées à la philo, tableau à partir duquel nous nous sommes partagé les classes. Et si j'avais su cela, j'aurais demandé une autre classe. Pour être précise, l'heure d'EMC, c'est l'heure un peu différente dans un service, une heure où on débat avec les élèves, sans évaluation, sans copies à corriger. Et quand on a cinq terminales, et surtout en philosophie, des heures sans copies, c'est plus léger ! Et si on n'avait pas ces heures-là, on aurait au moins une classe en plus !

Un collègue m'écrit qu'il y a de l'embrouille en Espagnol, mais qu'en se contactant rapidement ils ont réussi à contrer les manœuvres de l'administration.

Je me rends au lycée. L'adjointe botte en touche et me répète à l'envi que c'est une décision du proviseur. Après une longue attente, je parviens à le voir.

Première affirmation : il ne peut pas me confier cette heure, parce que les collègues de ST2S sont en sous-service. En soi, c'est imparable. Mais je m'étonne qu'il n'ait pas fait état de ce problème en Conseil d'enseignement où nous avons déjà dû abandonner des heures de BTS au profit des collègues de Lettres, en sous-service annoncé.

Alors, deuxième affirmation : la répartition de ces heures a été décidée fin juin, lors d'une réunion où était le coordonnateur de la philosophie, et il peut m'envoyer le compte-rendu si je le souhaite. Je demande pourquoi, en ce cas, le tableau fourni par l'administration, était faux. L'adjointe souligne que j'ai raison.

Monsieur C. me dit qu'il n'est plus temps de changer cela, que je n'ai qu'à m'arranger avec mes collègues de philo, avant le soir, parce que le lycée ferme, et que les emplois du temps vont être commencés dès lundi. « C'est fichu, dis-je, d'autant qu'un des collègues concernés veut beaucoup d'heures supplémentaires, qu'il arrive de l'étranger et qu'on ne parvient pas à le joindre. »

Je trouve cependant que deux raisons, c'est au moins une de trop. Et qu'aucune n'est satisfaisante. J'écris à une collègue de ST2S. Et je découvre… qu'elles sont pur mensonge toutes les deux ! Les ST2S ne sont pas en sous-service, elles craignent seulement de l'être dans deux ans, comme toutes les disciplines à cause de la réforme du bac qui ne vise qu'à supprimer des postes. Et aucune répartition n'a été actée lors de la réunion de juin, où d'ailleurs aucun collègue de philo n'était présent.

Finalement, Thomas P., le nouveau coordonnateur de l'équipe de philosophie, écrit au proviseur pour lui dire poliment qu'on sait que ses raisons sont fabriquées. Thomas préfère renoncer à une heure, et négocie pour qu'on en récupère une sur les deux – pour moi. Le proviseur accepte. À la rentrée, cette heure m'échoit, mais finalement personne ne veut de la deuxième : ni Thomas, parti sur d'autres projets, ni la collègue de ST2S, qui a déjà une heure supplémentaire et ne veut pas de ce cours qui n'a pas grand-chose à voir avec son enseignement. Voilà le proviseur obligé d'imposer une heure qui devait nous revenir, alors qu'il avait manœuvré pour nous la retirer sans justification et en mentant sur les motifs…

Mais en juillet, je suis déjà ailleurs, et en réalité je ne fais pas la rentrée de septembre.

Un nouveau dépistage médical a permis de repérer une tumeur maligne. Un autre combat commence. À moins que cela n'en soit que la suite, sous une autre forme. L'oncologue me dit que les souffrances psychiques ne peuvent à elles seules causer un cancer, mais « seulement en favoriser le développement ». J'aimerais immensément avoir la conviction que toutes ces souffrances n'en sont pas l'origine.

Conclusion

Quand je me retourne sur cette histoire, je vois beaucoup de gens qui ne m'ont pas aidée.

Certains n'ont pas souhaité le faire : la majorité des collègues, par indifférence peut-être, par peur de s'exposer certainement, et les proviseurs-adjoints, par esprit de corps.

D'autres auraient dû m'aider mais ne l'ont pas voulu : certains élèves, ma collègue Christine (par intérêt, assorti de mauvaise foi), des syndicalistes du lycée, la MAIF, l'Autonome de solidarité...

D'autres ont fait le choix d'accentuer ma détresse : la F.C.P.E., d'autres élèves, des parents, mon collègue Edmond (par intérêt égoïste et psychologique), et l'inspection (par simple solidarité avec le chef d'établissement, sans même m'avoir écoutée).

D'autres auraient voulu m'aider et n'ont pas pu le faire : le syndicat (impuissant dans ce domaine), le délégué du Défenseur des droits (à cause du vide juridique).

Certains m'ont apporté leur soutien et je les en remercie. Dans cette situation, cela a compté pour moi plus que je ne saurais dire.

Dans cette affaire, la responsabilité est multiple et diffuse. Le proviseur, grâce à l'autorité de sa fonction, n'a pas eu de peine à diffuser ses mensonges. Mais il n'aurait jamais réussi à mettre en œuvre une telle pression sans ces relais, ces complicités, silencieuses ou actives, des élèves, des collègues, de l'inspectrice… Sans cette forte propension des parents d'élèves à mordre ceux à qui ils confient ce qu'ils ont de plus précieux.

Chacun, finalement, a réellement agressé. Plutôt gravement. Mais isolées, ces agressions n'auraient guère été efficaces. C'est cela qui caractérise le harcèlement : une seule réelle malfaisance décisionnaire, et une multiplication de petites pressions qui isolent et enserrent celui qui en devient la victime, lui ôtent progressivement toute la confiance en lui dont il aurait besoin pour se défendre, jusqu'à le faire douter de la pertinence de son existence.

Il est possible cependant que les auteurs de ces multiples agressions ne se sentent absolument pas coupables. « Je n'ai rien fait d'autre que de répéter ce que tout le monde disait[1]. » Et pourtant, chaque phrase participe du harcèlement, le crée et le renforce. Il faut du temps, de la continuité, de la répétition pour que le phénomène se produise. Même si chacun n'attaque qu'une fois, ou un petit nombre de fois, il se fait agent de ce tourment sans répit. Pas de harcèlement sans assauts incessants. Chaque agression est une partie d'un tout, qui n'existerait pas sans elle. Chacun agit de façon négligeable, mais assez ciblée pour conduire à l'usure. Comme dans le supplice de la goutte d'eau, chaque attaque resterait supportable si elle était isolée. Mais la souffrance qu'elle provoque devient lancinante et profonde dans un renouvellement permanent.

Le harcelé devient victime parce qu'il est obsédé par ces reproches incessants, sans arrêt réactivés sous une autre approche, par une autre

1. Il est même possible qu'ils se sentent plutôt victimes puisqu'on leur a dit que leur enfant ne serait pas bien préparé à l'examen. Et ils n'ont pas cherché à se faire une idée par eux-mêmes.

personne. Comment penser à autre chose ? Comment échapper à la peur ?

La victime est comme une bête engluée dans la perte de confiance, et qui n'aurait plus la force de se protéger de tous les petits cailloux qu'on lui lance. Pourquoi n'a-t-elle plus la force de résister ? On ne voit pas venir le phénomène de harcèlement, et ce qu'on subit est d'autant plus lourd qu'on ne peut y être préparé. Dans mon cas, je me suis battue pendant deux ans contre des ennemis invisibles. Comment aurais-je pu me prévenir d'attaques dont j'ignorais la provenance et la finalité ? Je voyais bien que le proviseur ne faisait pas son devoir en ne me protégeant pas, mais on est tous habitués à la « frilosité » des réactions des chefs d'établissement, et à la victoire du « pas de vagues ». Par ailleurs, la confiance que je mettais en lui, du moins avant ces années, m'empêchait de l'identifier comme l'origine de cette violence.

Ce serait déjà très difficile de réagir à un processus de harcèlement si on était solide. Mais quand on en prend conscience, le processus est engagé, voire installé. On est affaibli, fragilisé, déstabilisé. La confiance est déjà ruinée, l'énergie est épuisée dans la lutte sans fin contre la multiplicité des atteintes. La victime est déjà accablée et accaparée de toutes parts, sans disponibilité pour prendre le recul qui lui permettrait de se dire : « Ce n'est pas normal, ce n'est pas juste, ce n'est pas vrai ! »

Et même quand je finis par comprendre ce qu'il se passe, il y a loin encore jusqu'à la fin de la souffrance et le retour de la confiance. Outre l'amour de mes proches, les soutiens que j'ai reçus, le travail fait avec la psychanalyste, combien de temps aurait été nécessaire pour que la vie revienne en moi, si je n'avais pas obtenu ces notes encourageantes à l'agrégation ?

Le harcèlement se traduit par une dépression imposée par quelqu'un d'extérieur. Cela rend nul, incapable de faire quoi que ce soit, donnant raison à ceux qui ont harcelé. La victime finit par se faire à elle-même ce que les autres voulaient lui faire : elle se rabaisse et renonce. Inconsciente de ce qui a détruit le précieux rapport à soi, elle devient son propre bourreau. En juin de la toute première année de mon histoire, en plein doute, j'ai demandé moi-même à ce que la Terminale littéraire qui me revenait ne me soit pas confiée.

Et cela rejaillit sur toutes les dimensions de l'existence : le vécu personnel, les projets, la famille, la santé… Tout est miné.

Cet ouvrage a été composé par PCA

Imprimé en France par
CPI BRODARD & TAUPIN (72200 La Flèche)
en juillet 2020

pour le compte des Éditions J.-C. LATTÈS
17, rue jacob – 75006 Paris

PAPIER À BASE DE FIBRES CERTIFIÉES

JC Lattès s'engage pour l'environnement en réduisant l'empreinte carbone de ses livres. Celle de cet exemplaire est de : 270 g éq. CO_2
Rendez-vous sur www.jclattes-durable.fr

N° d'impression : 3038989
N° d'édition : 01
Dépôt légal : septembre 2020